Lisa Aparicio, editora da série

faça

ENVOLVER
OS JOVENS NO
DISCIPULADO

Jaime Román Araya • Nicholas Barasa
Milton Gay • Nabil Habiby
Andrea Sawtelle • Bakhoh Jatmiko

ISBN 978-1-63580-207-8 rev 2019-07-01

DIGITAL PRINTING

CRÉDITOS
Authors: Kenny Wade, Jaime Román Araya, Nicholas Barasa, Milton Gay, Nabil Habiby, Andrea Sawtelle, Bakhoh Jatmiko

Edição do Livro e da Série: Lisa Aparicio

Revisão: Hailey Teeter, Emily Reyes, Priscila Guevara e Emily Knocke

Capa: Christian Cardona

Tradução: Daniela Nobre

Tradução do conteúdo original para inglês: Everton Morais (capítulo 1), Samuel Aparicio (capítulo 3)

ÍNDICE DE CONTEÚDO

SOBRE A SÉRIE

"Como guiar os jovens para que se sintam confiantes no evangelismo?"

"Em que é que devo pensar para me certificar que os meus jovens estão a crescer na fé?"

"Às vezes sinto que não sei o que estou a fazer enquanto líder. Como posso ajudar o meu grupo de jovens a desenvolver o seu potencial para a liderança?"

Ouvimos frequentemente estas perguntas vindas de líderes de jovens de todo o mundo; líderes de igrejas pequenas e de igrejas grandes; de pastores formalmente ordenados, ou de leigos voluntários. Talvez até o leitor já tenha feito estas mesmas questões.

Com esta série de três livros queremos chegar aos líderes de jovens locais, encorajando-os e equipando-os, para o trabalho importantíssimo que estão a fazer. O desafio é a diversidade do ministério de jovens, o navegar pela diversidade cultural em constante mudança. Por isso mesmo, decidimos focar cada livro numa das três estratégias fundamentais da JNI; o evangelismo (SEJA), o discipulado (FAÇA), e o desenvolvimento de liderança (VÁ). Estas estratégias têm servido o ministério de jovens da Igreja do Nazareno desde o seu início. Convidámos uma equipa diversificada de escritores para nos ajudarem a partilhar com o leitor uma perspectiva equilibrada sobre o ministério. Acreditamos que receberá alegremente esta combinação de vozes e que as diferentes perspectivas ajudarão a falar concretamente ao seu ministério, independentemente do seu contexto.

Onde quer que esteja no seu ministério, acredite que é valorizado, que há gente a orar por si, e que o que tem a oferecer ao ministério de jovens é mais do que imagina.

Que Deus o abençoe.

Gary Hartke
Director da Juventude Nazarena Internacional

PREFÁCIO

Quando falamos sobre evangelismo (SEJA), discipulado (FAÇA) e desenvolvimento de liderança (VÁ), é mais fácil procurarmos vozes semelhantes às nossas; que partilham ideias e estratégias que nos são familiares. No entanto, acreditamos que as três estratégias fundamentais da Juventude Nazarena Internacional (JNI) merecem uma discussão mais detalhada. O debate começou em 2013 com a renovação da ênfase nas estratégias fundamentais; foi nesta altura que começámos a abordar os tópicos SEJA, FAÇA e VÁ.

Evangelismo:
SEJA a luz de Deus mesmo nos lugares mais escuros do nosso mundo.

Discipulado:
FAÇA o trabalho árduo de se tornar mais como Cristo na sua caminhada com os outros.

Desenvolvimento de liderança:
VÁ, junte-se à sua comunidade e aprenda a ser um líder-servo.

À medida que o debate sobre estes três fundamentos se alarga, quisemos também partilhar as lições que os vários líderes têm aprendido ao pô-las em prática. Era importante que as lições fossem ensinadas por vozes diversificadas, cada uma trazendo uma perspectiva única para a conversa global. Para tal, precisávamos de uma equipa de escritores de todo o mundo; o resultado é esta série de livros da JNI, a qual cremos ser a verdadeira expressão do que significa ser uma igreja global.

Confiamos que vão beneficiar muito das várias perspectivas apresentadas. No início de cada capítulo há uma breve introdução sobre o seu autor. Ao ler cada livro, será lembrado da diversidade da nossa igreja, não apenas pelo conteúdo, mas também em coisas pequenas como o tipo de discurso. Fizemos questão de manter o vocabulário e ortografia de cada autor consistentes com a linguagem usada na sua zona geográfica. Nos casos em que o capítulo foi originalmente traduzido a partir de uma língua diferente, o vocabulário e ortografia do mesmo reflectirá mais a linguagem do tradutor.

Que Deus o abençoe no seu ministério enquanto procura envolver-se activamente com os seus jovens em evangelismo, discipulado e desenvolvimento de liderança. Acreditamos que estes livros são pontos de partida para o ajudar a ir mais longe e ser mais intencional no seu ministério. A onde o levará esta jornada? Convidamo-lo a tomar o seu lugar na história global da série SEJA, FAÇA e VÁ.

Lisa Aparicio
Editora
Coordenadora de Desenvolvimento do Ministério da Juventude Nazarena Internacional

AGRADECIMENTOS

A formação de uma equipa de escritores a nível global exigiu a contribuição e apoio de muitos indivíduos. Começou com um convite a todos os coordenadores regionais de jovens para que partilhassem connosco nomes de líderes cujo o contributo fosse exemplar nos temas do evangelismo, discipulado e desenvolvimento de liderança. Sem o apoio e o discernimento de Ronald Miller (Região de África), Janary Suyat de Godoy (Região Ásia-Pacífico), Diego Lopez (Região da Eurásia), Milton Gay (Região da Mesoamérica), Jimmy De Gouveia (Região da América do Sul) e Justin Pickard (Região EUA/Canadá), estes livros não seriam uma realidade.

Foram feitas inúmeras videoconferências com os 18 escritores para partilhar, colaborar e estruturar estes livros. Estas eram organizadas e presididas pela Shannon Greene (Escritório Global da JNI). O seu contributo neste projecto foi inestimável. Kenny Wade (Jovens em Missão) também participou em todas as reuniões, para partilhar o contexto da iniciativa SEJA, FAÇA e VÁ. A sua contribuição deu ao projecto uma base sólida onde construir. Kenny também é o autor das introduções dos três livros.

Em última análise, estes livros não seriam possíveis sem o trabalho árduo de cada um dos nossos escritores, que abriram os seus corações e partilharam sobre o mover de Deus a através dos esforços da igreja em envolver os jovens em evangelismo, discipulado e desenvolvimento de liderança.

África
Wesley Parry (Evangelismo)
Nicholas Barasa (Discipulado)
Lesego Shibambo
(Desenvolvimento de Liderança)

Ásia-Pacífico
Daniel Latu (Evangelismo)
Bakhoh Jatmiko (Discipulado)
Cameron Batkin
(Desenvolvimento de Liderança)

Eurásia
Wouter van der Zeijden (Evangelismo)
Nabil Habiby (Discipulado)
Kat Wood
(Desenvolvimento de Liderança)

Mesoamérica
Dario Richards (Evangelismo)
Milton Gay (Discipulado)
Odily Díaz
(Desenvolvimento de Liderança)

América do Sul
Christiano Malta (Evangelismo)
Jaime Román Araya (Discipulado)
Thiago Nieman Ambrósio
(Desenvolvimento de Liderança)

EUA/Canadá
Denise Holland (Evangelismo)
Andrea Sawtelle (Discipulado)
Phil Starr
(Desenvolvimento de Liderança)

INTRODUÇÃO

Kenny Wade

Kenny Wade é coordenador dos Jovens em Missão. Para Kenny, o ministério de jovens é o culminar do Reino através da inovação pioneira da vida dos jovens comprometidos com Cristo. Ele acredita que o discipulado é um ciclo correctivo, formativo e que dá vida ao ser igreja.

O FAÇA do discipulado flui do SER de viver num relacionamento com Cristo. O discipulado é a missão de nos juntarmos a Deus no trabalho que Ele está a fazer no mundo (Mateus 28:18-20). É permitirmos que as nossas vidas sejam transformadas ao seguirmos Jesus. Com tudo o que somos, percorremos o caminho em comunidade — envolvendo-nos na missão de Deus, que já está em curso, e convidando outros a fazer o mesmo. Um missionário que serviu junto do povo aborígene na Austrália, por mais de 20 anos, disse-me que o seu método de discipulado é amar Deus, amar os outros e ensinar-lhes a fazer o mesmo. Não soa estranho, pois não? O discipulado é a nossa chamada e missão fulcral enquanto povo das Boas Novas. É o que FAZEMOS.

O meu amigo Bobby (de quem comecei a falar na introdução do livro SEJA) ensinou-me tanto sobre discipulado. O Espírito de Jesus já estava vivo e activo, atraindo o Bobby para Ele. Não queria meter-me no meio e arriscar interferir! É como se tivesse sido confiado com o Bobby, mas Deus estava a preparar-nos aos dois para o que tinha planeado. Deus usou-me para o levar a um sentido mais profundo de identidade de fé em Cristo. Mas também me ensinou a encontrar contentamento em simplesmente caminhar junto com, e ao ritmo de, outra pessoa, à espera de ver como Deus age. Estávamos ambos a ser discipulados.

> **Discipulado é agir de acordo com aquilo em que acreditamos.**

Leonard Sweet vê o evangelismo e o discipulado no mesmo *continuum* de crescimento na graça de Deus.[1] O evangelismo pode ser visto como a fase inicial de fazer discípulos. O discipulado é aprender e crescer na graça, tanto para nós como para os outros. Discipulado é agir de acordo com aquilo em que acreditamos. FAZEMOS coisas que nos ajudam a crescer. FAZEMOS coisas que ajudam os outros a crescer. Discipulado é o FAZER que flui do SER com Cristo.

Ser em Cristo resulta em FAZER, partilhar as Boas Novas através das nossas vidas. O nosso exemplo é a vida de Jesus e a Sua missão (Lucas 4). Seguimos as pisadas do nosso Mestre, contextualizando as Boas Novas e vivendo exemplos intemporais de uma vida centrada em Cristo. Oração. Escrituras. Solidão. Comunhão. Adoração. Sacrifício. Compaixão. Aprendizagem. Serviço. O discipulado começa com o relacionamento a partir do qual Deus transborda para todos os outros. O discipulado não é um acto isolado. É melhor praticado se houver tensão. A tensão de ser um discípulo de Jesus, aproximando-nos de Deus. Praticando o que Jesus fez ao ser as Boas Novas. E convidar outros a fazer o mesmo. Devemos ser discipulados e ao mesmo tempo precisamos discipular outra pessoa. Às vezes somos discipulados por pessoas mais velhas; outras vezes, por pessoas mais novas. A idade e longevidade da fé em Cristo são importantes, mas não tão importantes quanto a dinâmica de um espírito ensinável. Como tenho bastante experiência em ser aprendiz, tendo a ser selectivo com quem permito que me instrua e influencie a minha jornada de fé. Mas quando pratico um espírito ensinável, qualquer pessoa de qualquer idade ou contexto se torna um canal da graça de Deus para me moldar e formar a minha fé em Cristo. Só podemos partilhar, mentorear e liderar naquilo que experimentámos e escolhemos desenvolver.

> **O discipulado não é uma experiência solitária. Não podemos crescer no relacionamento com Cristo se não estamos a crescer no relacionamento com os outros (Marcos 12:30-31).**

O Bobby queria crescer, mas não sabia como. Queria acreditar, mas não tinha a certeza se conseguia. Precisava de alguém que caminhasse com ele na sua busca. Precisava da comunidade de fé da igreja. Mais importante, nas primeiras conversas precisava apenas que um membro do corpo de Cristo fosse seu amigo e o amasse por quem era, enquanto portador da imagem de Deus. O Bobby precisava da comunidade cristã para descobrir a confiança em Cristo tanto quanto eu precisava de um amigo fora dos relacionamentos da igreja para verdadeiramente me envolver na missão de Deus.

A breve pergunta sobre a igreja levou a conversa ao café e de volta ao desporto, uma vez que treinávamos os miúdos juntos. Mas Bobby voltou a perguntar sobre a igreja. A nossa amizade/discipulado estava a transformar-se numa visão maior na comunidade no corpo de Cristo. O discipulado não é uma experiência solitária. Não podemos crescer no relacionamento com Cristo se não estamos a crescer no relacionamento com os outros (Marcos 12:30-31). Da mesma forma, não podemos verdadeiramente crescer no relacionamento com outros se não crescemos no relacionamento com Cristo. A dinâmica entre estes relacionamentos é onde praticamos e como experimentamos a santidade de viver e ser transformados à imagem de

Cristo. Discipulado, é crescer no amor por Deus e pelos outros, e ensiná-los a fazer o mesmo. Discipulado é algo que fazemos e que permitimos que seja feito em nós.

Um discipulado saudável é ser discípulo de Cristo e ao mesmo tempo sermos discipulados e discipularmos outros, partilharmos com os outros de que forma estamos a crescer para que possam, também, aprender a ir mais fundo em Cristo e crescer reflectindo a imagem restaurada de Cristo. Em alguns aspectos, o relacionamento de discipulado reflecte o relacionamento entre pai e filho. Goste ou não, os nosso pais, se forem os principais responsáveis por nós, têm uma grande influência em nós enquanto crianças. As nossas vidas reflectem o tempo que passámos com eles (ou sem eles, em alguns casos). As nossas vidas ecoam os padrões e as rotinas que eles estabeleceram com as suas decisões, hábitos e experiências. Se é pai, os seus filhos são o relacionamento prioritário de um discipulado centrado em Cristo (1 Timóteo 3:12). Pais que seguem Cristo têm a principal responsabilidade em discipular os seus filhos. Estes relacionamentos mais próximos são geralmente os mais difíceis de pôr em prática. A dificuldade torna-os nos relacionamentos mais importantes na procura pelo crescimento, pela graça e pela reflexão do amor e paciência de Cristo. Se nos empenharmos nestes relacionamentos dando o melhor que temos em Cristo, todas as outras áreas de discipulado se seguirão. Os nossos filhos podem ser os nossos maiores professores.[2] Escolher ter um espírito ensinável nos relacionamentos em que somos mais vulneráveis é um fundamento importante para o discípulo em desenvolvimento.

Os cafés, as sessões de treino e as conversas sobre a igreja com o Bobby, estavam a cultivar uma amizade de discipulado entre nós em que Cristo era o nosso guia. O Bobby contou-me que ansiava por paz, alegria e liberdade. Eu próprio, durante o nosso relacionamento, experimentei estes efeitos secundários da fé em Cristo nas minhas dúvidas, medos, decisões e frustrações, dos quais Bobby foi testemunha ao caminharmos juntos (1 Coríntios 11:1). Lembrei-o várias vezes que aquelas realidades da fé só eram possíveis num relacionamento de confiança em Cristo.

> **O que é que temos a oferecer à comunidade de fé sem um profundo relacionamento com Cristo?**

Numa das primeiras conversas que tivemos, ele perguntou qual é o meu processo para confiar em Deus quando tomo decisões. Eu partilhei com ele uma prática de discernimento que adoptei ao interpretar as Escrituras. A prática de manter a fé e a vida na tensão da razão (bom senso), experiência (na minha vida e na dos outros), Escrituras (a história de Deus) e tradição (a comunidade cristã desde o início e até hoje).[3] O Bobby condensou a minha explicação num simples acrónimo: R-E-S-T. Sem perceber perguntei: "O que é que queres dizer?" Ele respondeu: "Razão, Experiência, Escrituras e Tradição. Faz sentido. Em inglês a palavra descanso (*rest*) é composta pela primeira letra das palavras em inglês: *reason, experience, Scripture* e *tradition* (razão, experiência, Escrituras e tradição). Quando as mesmas letras formam o acrónimo R-E-S-T escrevem-se da mesma maneira que a palavra descanso em inglês, *rest*. Podemos descansar em Deus com as nossas decisões." De certeza que tive um momento de "luz" enquanto o Bobby me explicava o que quis dizer. Mais uma vez, eu estava a ser discipulado.

O que é que temos a oferecer à comunidade de fé sem um profundo relacionamento com Cristo? Como posso verdadeiramente descobrir quem sou à imagem de Deus, sem me comprometer com o cuidado e a comunhão com os outros? O discipulado é um esforço colectivo e individual. Leva-nos à comunidade de fé e de volta ao nosso contexto cultural. Não posso ser um seguidor de Cristo sem ser apurado, calibrado e equilibrado na minha jornada de fé pela diversidade e experiência dos outros. Temos de SER em Cristo, para FAZERMOS o que Ele fez com, e para, os outros. Seja um discipulador. Vamos FAZER discípulos.

CAPÍTULO 1

Fundamentos Bíblicos do Discipulado

Jaime Román Araya

Jaime Román Araya é o coordenador de campo dos jovens no Chile, e pastor em Santiago de Chile. Entusiasma-se com o ministério de jovens porque tem a oportunidade de apresentar o Evangelho na sua plenitude, na linguagem da nova geração. Para si o discipulado é importante porque sem maturidade não há crescimento. Jaime acredita que discipular é investir a nossa vida nas vidas dos outros.

"Olá amigos, é um prazer conhecer-vos! Sou um jovem pastor e sou responsável por uma estratégia de discipulado que envolve um grande número de pessoas. Mas para levar a cabo esta tarefa concentrei-me primeiro em trabalhar com um grupo específico. Como estou quase a terminar o meu ministério foquei-me em preparar este grupo para discipular outros. Não temos um caminho fácil à nossa frente. Vamos enfrentar alguns momentos difíceis, o que causará dúvida sobre o nosso trabalho. Mas mesmo assim, estou decidido a acompanhá-los nesta aventura enquanto puder. Sei que eles vão mudar o mundo. Se calhar o leitor também está numa situação como a minha. Convido-o a seguir o meu exemplo e a partilhar a sua experiência com quem precisa de aprender consigo. Já agora, acho que me esqueci de me apresentar. O meu nome é Jesus e sou de Nazaré."

Há quase 20 séculos, este jovem com 30 anos de idade começou o Seu ministério entre homens e mulheres comuns, como eu e o leitor. Ele levou o Seu trabalho tão a sério que a mensagem que confiou a este grupo de novos crentes sobreviveu a guerras, calamidades, constante antagonismo e perseguições. A sobrevivência miraculosa do Evangelho, significa que hoje podemos continuar a mesma Grande Comissão dada aos primeiros discípulos.

Durante o ministério de Jesus, há vários momentos em que podemos ver a Sua fadiga física, como por exemplo quando enfrentava situações em que a Sua paciência era testada. Depois de ministrar a multidões de pessoas que lhe haviam trazido as suas necessidades, Jesus adormeceu e descansou, num frágil barco de madeira, enquanto atravessavam o mar da Galileia. Apesar da forte tempestade que se abateu sobre a embarcação, Jesus não acordou. Ao verem que a tempestade piorava, o medo crescia no coração dos Seus discípulos, e estes resolveram acordar Jesus, sabendo que as suas vidas estavam em perigo. É aqui que Jesus grita aos Seus discípulos, dizendo, "Porque estão com medo, homens sem fé?" (Mateus 8:26 BPT09). Os discípulos estavam a aprender sobre quem Jesus era, mas a sua demora em acreditar é evidência da paciência que Jesus tinha com eles, ao caminharem juntos na jornada de fé. Nós teríamos a mesma reacção que Jesus, ou talvez pior, se alguém nos acordasse inesperadamente depois de um longo dia de trabalho. Este era Jesus, um jovem pastor que viveu o ministério que Lhe foi confiado pelo Seu Pai, suportando (e desfrutando) diariamente a humanidade imperfeita dos discípulos que Ele próprio escolheu.

Em Jesus encontramos o modelo perfeito do coração de um pastor, cheio de amor e graça, que foi descrito com maestria pelo rei Davi quase 1000 anos antes do nascimento do Messias:

> "O Senhor é o meu pastor; nada me faltará.
> Deitar-me faz em verdes pastos,
> guia-me mansamente a águas tranquilas.
> Refrigera a minha alma;
> guia-me pelas veredas da justiça por amor do seu nome.
> Ainda que eu andasse pelo vale da sombra da morte, não temeria mal algum,
> porque tu estás comigo;
> a tua vara e o teu cajado me consolam.
> Preparas uma mesa perante mim na presença dos meus inimigos,
> unges a minha cabeça com óleo, o meu cálice transborda.
> Certamente que a bondade e a misericórdia me seguirão
> todos os dias da minha vida;
> e habitarei na Casa do Senhor por longos dias." (Salmo 23)

Com o coração de pastor e conhecendo a natureza imperfeita da Sua equipa, Jesus discipulou-os compartilhando princípios e verdades com métodos que deixaram uma marca nas suas vidas e nas vidas daqueles à volta deles. O Mestre compartilhou os Seus ensinamentos no dia a dia, sem organizar conferências, seminários ou convenções — mesmo quando surgiram questões doutrinárias ou fundacionais. Jesus foi prático e simples na implementação da Sua metodologia. Por exemplo, observamos como cospe para a terra para fazer lama e curar um cego de nascença, ou quando monta um burro na Sua entrada triunfal em Jerusalém. Sempre que havia uma oportunidade para adaptar elementos simples do Seu ambiente para ilustrar um ensinamento, Jesus aproveitava para instruir os Seus seguidores.

Na Bíblia observamos como Jesus formou os Seus discípulos na rua, em caminhadas de longas horas, vários dias debaixo do sol quente, passando por fome, frio e cansaço. O Senhor compartilhou a Sua vida com os rabinos e as prostitutas, com as autoridades romanas e os paralíticos sem esperança. Não tinha problemas em sentar-se à mesa com os cobradores de impostos e outros pecadores mal-afamados. A Sua missão era clara e não perdeu tempo a tentar seguir as normas ou tradições, sociais e religiosas, impostas pelos homens. Em vez disso investiu todos os Seus recursos a cuidar do Seu rebanho.

Depois de longas viagens a pregar, curar os enfermos e a fazer milagres, o Mestre preferia comer uma bela bifana (ou um cachorro quente, arepa, ou o tipo de sandes mais famoso na sua cultura) na tasca local com os Seus amigos, em vez de se retirar para um qualquer hotel luxuoso e descansar sozinho. Ao abrir a Sua vida diária, Jesus transmitiu a mensagem mais importante do universo aos Seus discípulos. Estes seguidores imperfeitos que não entendiam ainda a missão gloriosa que estavam prestes a receber — mesmo depois de partilharem a vida com o próprio Filho de Deus — foram transformados através da sua interacção diária com Jesus.

Pela clareza com que Jesus nos apresenta a Sua estratégia através das Escrituras, percebemos que o discipulado é mais um processo de vida do que uma actividade ou um departamento da igreja. O Dr. Lucas Leys escreve: "O discipulado (...) começa no momento em que entramos no rol de membros do corpo (a igreja) e terminará no céu."[1] E acrescenta: "Ser discípulo e amigo de Cristo significa que queremos viver como Ele nos ensinou. O discipulado não é um programa ou apenas um método. Discipulado significa praticar as disciplinas de Cristo a tal ponto que as nossas vidas inspiram o mesmo tipo de obediência nos outros. Temos de viver os ensinamentos de Cristo para os podermos ensinar aos nossos jovens"[2].

Qualquer pessoa pode passar informações sobre a fé cristã. Basta, para isso, uma caneta e um papel onde escrever alguns versículos bíblicos. Mas para transmitir princípios de vida, temos de amar Deus profundamente e estarmos dispostos a ser moldados pelo Oleiro.

Nos nossos ministérios de jovens, temos de ter atenção para não relaxarmos no trabalho que estamos a fazer com os novos crentes. Tantas vezes reagimos à necessidade de discipular jovens crentes oferecendo lições para ensinar os fundamentos bíblicos do cristianismo. Agimos como se esperássemos que os nossos jovens "se licenciassem" como discípulos de Jesus no final das aulas, como se fossem estudantes universitários. Infelizmente, assim que terminam a cerimónia, as luzes, aplausos e as felicitações, abandonamo-los ao seu destino, esperando que este novo discípulo tome a decisão de ser baptizado e em pouco tempo se torne membro da igreja. Esperamos até que um dia sejam chamados por Deus para o ministério, para que possamos ver os frutos do nosso esforço.

Este sistema rudimentar tem sido usado por muitos, mas não tem qualquer semelhança com o modelo de discipulado que observamos na Bíblia. Está na hora de avaliarmos as nossas estratégias de discipulado e fazermos as alterações necessárias para nos alinharmos com o modelo de Cristo: um modelo que reconhece e responde à verdadeira importância do discipulado nos novos crentes. Os nossos jovens olham para nós à espera de lhes darmos os fundamentos necessários para a vida cristã. Ainda mais importante, Deus espera que façamos discípulos verdadeiros e fiéis, não apenas convertidos. Está na hora de aceitarmos a nossa responsabilidade!

A Nossa Tarefa

A Grande Comissão, juntamente com o desafio de deixar tudo para trás para anunciar a mensagem do Evangelho, também chamou os crentes para ajudar os novos crentes a aprenderem e serem moldados pelos ensinamentos e mandamentos de Jesus. Aceitar a chamada de IR é fundamental, mas não nos podemos esquecer que esta é apenas a primeira parte da Grande Comissão. O trabalho de fortalecer, discipular e formar seguidores de Cristo é a segunda parte que muitos de nós deixamos de fazer. Mas o que quer Jesus dizer quando nos ordena a fazer discípulos?

Preocupamo-nos em fazer o trabalho de Deus; mas estaremos a preparar intencionalmente a próxima geração a viver a sua fé com ousadia e a levar a mensagem mais importante do universo?

Discipular, em simples palavras, é transmitir aos outros a mensagem que recebemos e termos certeza que é posta em prática com a mesma paixão. O grande apóstolo Paulo entendeu perfeitamente esta ideia de discipulado; tal é visível quando partilha com o seu jovem discípulo, Timóteo: "E o que de mim, entre muitas testemunhas, ouviste, confia-o a homens fiéis, que sejam idóneos para também ensinarem os outros" (2 Timóteo 2:2). Em resumo, Paulo diz "Timóteo, não deixes que a mensagem morra contigo!"

Devemos ser honestos e avaliar os nossos ministérios. Preocupamo-nos em fazer o trabalho de Deus; mas estaremos a preparar intencionalmente a próxima geração a viver a sua fé com ousadia e a levar a mensagem mais importante do universo?

Para cumprir a missão de fazer discípulos, também devemos permitir que outros nos aconselhem, guiem e discipulem. No ministério, é essencial que procuremos mentores, pessoas com maturidade, experiência e autoridade espiritual, que sejam credíveis, a quem possamos pedir conselhos e que nos corrijam quando estamos errados. Felix Ortiz descreve um mentor da seguinte forma:

> "Um mentor não é um pai, nem um parceiro, nem Deus, nem alguém perfeito; é simplesmente um cristão comprometido a crescer no seu conhecimento de Jesus, a aceitá-Lo como Senhor e Salvador, a segui-Lo e a ajudar outros crentes a aprofundar a sua experiência com o Senhor. Daqui surgem duas verdades importantes sobre o mentor: 1) é um seguidor activo de Jesus, 2) que ajuda outros crentes a também serem seguidores activos de Jesus."[3]

É saudável, e necessário, sermos maleáveis e reconhecermos que precisamos de ser corrigidos por outros, especialmente quando somos promovidos a cargos mais elevados de liderança. Não nos devemos esquecer que também somos ovelhas que seguem o Bom Pastor. Como Francisco Cifuentes, um pastor chileno, diz, "Ao Domingo sou uma ovelha de duas pernas".

Se o próprio Jesus procurava o Pai todos os dias, em intimidade e humildade, quanto mais deveríamos nós! Peça a Deus que lhe dê um coração e um espírito ensinável, hoje.

Se não somos conformados por Cristo, vamos formar discípulos segundo o nosso próprio coração, discípulos que seguem o nosso exemplo e tomam decisões com base na nossa humanidade e não na imagem de Jesus, a qual devíamos espelhar.

É eticamente incorrecto, e praticamente impossível, formar jovens segundo o coração de Deus, se não conhecemos o coração de Deus. Para conhecer alguém, em qualquer nível, temos de investir tempo. Consequentemente, um relacionamento íntimo e contínuo com Deus permite-lhe cumprir a grande tarefa de formar discípulos de Cristo, tanto a nível natural como sobrenatural. Se não somos conformados por Cristo, vamos formar discípulos segundo o nosso próprio coração, discípulos que seguem o nosso exemplo e tomam decisões com base na nossa humanidade e não na imagem de

Jesus, a qual devíamos espelhar. Devemos fazer a seguinte pergunta regularmente: estou a formar discípulos meus ou discípulos de Jesus?

Há um ditado popular que diz "o preguiçoso trabalha a dobrar". Acredito que esta frase transmite bem o tremendo peso resultante de tentarmos discipular outros mesmo quando somos espiritualmente preguiçosos, esquecendo-nos de investir um tempo diário em hábitos espirituais para nosso próprio crescimento. Por outro lado, quando passamos tempo com Deus de forma disciplinada, aqueles que nos rodeiam são discipulados pelo nosso exemplo e carácter, que cada vez se parece mais com Jesus. Foi este o objectivo que Paulo confiou aos Efésios: "Até que todos cheguemos à unidade da fé e ao conhecimento do Filho de Deus, a varão perfeito, à medida da estatura completa de Cristo" (Efésios 4:13).

A questão então é: Como é que Jesus discipulou?

Apesar de o fazer informalmente, sem nos deixar um manual de instruções passo a passo, quando lemos os evangelhos vemos como a estratégia de discipulado de Jesus recai sobre quatro áreas de influência. E estas podem ser classificadas segundo o tamanho do grupo a quem Jesus ensinava. Com muita sabedoria, o Mestre aplicou os recursos que tinha e investiu tempo de acordo com as necessidades de cada grupo e de forma a atingir diferentes níveis de impacto, confiança e intimidade.

Deste modo, vamos olhar para a forma como Jesus discipulou as multidões, o grupo mais abrangente de seguidores (os 72), os doze apóstolos e, finalmente, o grupo mais íntimo, os três discípulos. Vamos estudar um pouco de cada grupo e o nível de influência que Jesus teve em cada um deles.

As Multidões

Jesus começa o Seu ministério público com uma grande multidão, quando é baptizado e declarado O Messias pelo Seu primo, João Baptista, no rio Jordão. Embora não fosse a Sua prioridade, Jesus dedicou parte do Seu tempo a partilhar a Sua vida, ensinamentos e serviço com grandes grupos de pessoas, às vezes na ordem dos milhares.

Os relatos mais conhecidos do Seu discipulado com grandes grupos são *O Sermão da Montanha* (Mateus 5) e *A Multiplica ão dos Pães e dos Peixes* (João 6).

Com este tipo de audiência, Jesus limitava-se a partilhar ensinamentos mais gerais, que podiam ser aplicados por qualquer pessoa em qualquer situação e a investir o Seu tempo a fazer milagres de acordo com as necessidades que iam surgindo. Não era possível fazer um trabalho mais pessoal e profundo com cada indivíduo com quem se encontrava, e ainda assim, Jesus demonstrava o Seu amor e cuidado pelas pessoas, ministrando às suas necessidades.

Esta talvez seja a forma mais comum de discipulado, a abordagem da igreja tradicional. O pastor, líder ou professor ministra ao grupo por detrás do púlpito, usando a pregação como forma de corrigir e instruir a congregação. A vantagem desta abordagem é que um grande número de pessoas podem ser influenciadas ao mesmo tempo, mas a impossibilidade de atender às necessidades e questões específicas de cada uma é uma desvantagem.

As multidões ou congregações, enquanto áreas de influência, oferecem boas oportunidades de fazer discipulado em grande escala. Não pode, no entanto, ser a única forma de discipulado existente.

O Grupo Mais Abrangente

Apenas no evangelho de Lucas (capítulo 10) encontramos o momento em que Jesus enviou um grupo de 72 discípulos (ou 70, dependendo da versão usada), para visitar as cidades onde iria passar mais tarde. Os discípulos dividiram-se em pares para pregar e curar pessoas.

Para formar um grupo de 72 pessoas, Jesus teve de escolher indivíduos de entre as multidões que O seguiam, e separá-los para lhes pedir um nível de compromisso mais elevado. Isto indica que, provavelmente, Jesus passava mais tempo com os 72 do que com as multidões. Investiu mais da Sua vida e dos Seus ensinamentos neste grupo, do que nas multidões.

Nesta categoria também podemos incluir o grupo de crentes que permaneceu unido e perseverante após a ascensão de Cristo, o grupo mencionado no primeiro capítulo do livro de Actos. De entre os apóstolos que pertenciam a este grupo, Matias foi escolhido como sucessor de Judas Iscariotes. Os requisitos eram: ter seguido Jesus durante a Sua vida na terra e testemunhado a Sua ressurreição. Nesta passagem, somos lembrados do grupo de homens e mulheres fiéis, que seguiram Jesus desde o início do Seu ministério aqui na terra, e que responderam com um compromisso maior ao discipulado que receberam de Cristo. Assim, Jesus pôde investir e discipulá-los mais intensamente.

É necessário prestar atenção àqueles que no seu ministério mostram sinais de crescimento no nível de compromisso e relacionamento com Jesus e que também mostram interesse no serviço dentro e fora da igreja. Tal como Jesus, devemos começar a confiar algumas responsabilidades àqueles que se aproximam de Deus, para que se possam estabelecer no corpo de Cristo, usando os seus dons e talentos para o Reino.

O Pequeno Grupo

Ao lermos os evangelhos, é destacável o tempo que Jesus investiu num grupo específico de pessoas, os doze apóstolos. Exceptuando os tempos de oração e de retiro pessoal, Jesus passou a maior parte do Seu tempo com estes doze discípulos. Viveu os últimos três anos da Sua vida nesta terra com este grupo de homens, partilhando cada momento da vida diária, até o mais comum. Jesus aproveitou a confiança, a transparência e a proximidade de um grupo tão pequeno para preparar os apóstolos e mostrar-lhes o estilo de vida que esperava deles.

Claramente, trabalhar com grupos pequenos não é um sistema de crescimento da igreja ou uma tendência dos ministérios mais contemporâneos. O próprio Jesus ensina-nos que o maior fruto do Seu ministério não foi resultado do tempo passado com as multidões, mas do tempo investido nos Seus discípulos mais próximos. Foi neste contexto que Jesus produziu um impacto mais forte, autêntico e eterno na vida de cada apóstolo.

Independentemente de lhes chamar pequenos grupos, grupos de ligação, grupos de liderança, ou qualquer outro nome criativo, deve dar prioridade ao tempo investido nos seus jovens. Isto é fundamental para poder partilhar a vida com os jovens e ajudá-los a entender a sua responsabilidade e o papel que desempenham na Grande Comissão.

Encorajo-o a organizar o seu tempo de forma a que consiga passar algumas horas por semana com o seu pequeno grupo, saiam para um café ou para um gelado e conversem sobre o que significa viver em santidade e desfrutar da vida com Deus. Os seus jovens não se vão esquecer destes momentos e vão replicá-los nos outros.

Os relacionamentos no ministério não acontecem automaticamente e devem ser intencionalmente construídos. O Dr. Lucas Leys escreve:

"Líderes eficazes sabem que os jovens não precisam de pregadores, teólogos ou terapeutas, mas de amigos experientes que saibam ser modelos da vida cristã e queiram partilhá-la com eles. O ministério relacional trata de ajudar os jovens a amadurecer e encontrar propósito através da amizade e trabalho relacional."[4]

Os pequenos grupos são fundamentais porque o pouco tempo que temos durante uma reunião de jovens não é suficiente para transmitir os princípios bíblicos e verdades da vida, que os nossos jovens precisam para sobreviver nesta sociedade secular cada vez mais confusa. O inimigo quer manter-nos separados, porque sabe que juntos somos mais fortes. Tome como exemplo a iniciativa de Jesus e invista a sua vida nos jovens que Deus lhe confiou. A vida cristã foi desenhada para ser desfrutada em conjunto, não isoladamente.

O Grupo Íntimo

O apóstolo Paulo declarou: "Porque, para com Deus, não há acepção de pessoas" (Romanos 2:11). Contudo, é natural que Jesus tenha tido discípulos (e amigos) com quem partilhou os momentos mais únicos e íntimos do Seu ministério.

Ao estudarmos a história em que Jesus ressuscita a filha de Jairo, em Marcos 5, os versículos 37 a 40 declaram que Jesus apenas permitiu que três dos Seus discípulos O acompanhassem ao quarto onde estava a menina: Pedro, Tiago e João.

Se ler o capítulo 9 do mesmo livro e parar no versículo 2, verá que Jesus está mais uma vez acompanhado pelos mesmos três discípulos: Pedro, Tiago e João. Nessa ocasião, acontece algo tão sobrenatural e chocante que os três discípulos tremem de medo e não conseguem conter o seu assombro. E no versículo 10 encontramos um detalhe interessante — o que se passou ficou apenas entre eles. Este comportamento claramente destaca a confiança que existia entre o Mestre e os Seus três discípulos mais próximos.

Também observamos o significado desta ligação tão próxima nos momentos antes da crucificação, quando Jesus convida os mesmos três a ficar junto d'Ele:

"E, levando consigo Pedro e os dois filhos de Zebedeu, começou a entristecer-se e a angustiar-se muito. Então, lhes disse: A minha alma está cheia de tristeza até à morte; ficai aqui e vigiai comigo. E, indo um pouco adiante, prostrou-se sobre o seu rosto, orando e dizendo: Meu Pai, se é possível, passa de mim este cálice; todavia, não seja como eu quero, mas como tu queres." (Mateus 26:37-39)

A característica única desta íntima esfera de influência é o facto de Jesus ter partilhado o momento mais difícil do Seu ministério com apenas estes três discípulos: Pedro, Tiago e João. Isto ensina-nos o quão importante é que os jovens a quem estamos a discipular participem não apenas nos momentos mais felizes da nossa vida, mas também nos difíceis. É necessário que eles nos vejam como seres humanos, vulneráveis à dor e ao medo, que vejam líderes de carne e osso, dependentes no Senhor em todas as circunstâncias da vida. Os jovens precisam de nos ver desta forma para perceberem que os seus próprios medos, dúvidas e lutas não os impedem de andar com Jesus. É reconfortante saber que não existe um líder perfeito, auto-suficiente ou intocável.

Os Nossos Grupos de Discipulado

Ver e entender os estilos de discipulado de Jesus no Seu ministério deve desafiar-nos e motivar-nos a envolver os nossos jovens intencionalmente nestes grupos de discipulado. O discipulado deve sempre ser visto como algo mais do que apenas uma transmissão de informações para memorizar. Jesus derramou a Sua vida sobre todos os que andavam com Ele, mesmo que a Sua influência tenha sido mais intensa e intencional àqueles que Lhe eram mais próximos.

John Maxwell, no seu livro, *The 21 Irrefutable Laws of Leadership* [*As 21 Leis Irrefutáveis da Liderança*], refere-se à última como "A Lei do Legado", dizendo que: "O valor duradouro de um líder é medido pela sua sucessão".[5] Maxwell escreve ainda:

"Qualquer um consegue fazer uma organização ser bem-vista em determinado momento — no lançamento de um novo espectáculo ou de um bom produto, atraindo multidões para uma grande actividade ou radicalmente reduzindo o orçamento para reforçar os fundamentos. Mas os líderes que deixam um legado tomam medidas diferentes. Lideram com o hoje e o amanhã em mente."[6]

Este pensamento também pode ser aplicado ao discipulado e é observado em Jesus, na forma como ensinou e no que ensinou. O Messias tinha toda a autoridade e poder para responder ao pedido constante dos Seus discípulos para libertar Israel do Império Romano, organizando uma grande revolução com consequências catastróficas e, no final, ter todo o crédito pela vitória. No entanto, o sábio Mestre da Galileia, com humildade e modéstia, com amor e respeito pelo Pai, investiu o Seu ministério na complexa tarefa de formar discípulos e líderes que pudessem sucedê-Lo quando Ele partisse.

O discipulado deve sempre ser visto como algo mais do que apenas uma transmissão de informações para memorizar.

Ao ler os capítulos restantes deste livro, e explorar maneiras novas ou diferentes de envolver os seus jovens no discipulado, busque seguir o exemplo de Jesus. Leve a sério o trabalho de transmitir as Boas Novas. Deixe um legado. O conselho de Paulo a Tito, um pastor de jovens, é: "Exorta semelhantemente os jovens a que sejam moderados. Em tudo, te dá por exemplo de boas obras; na doutrina, mostra incorrupção, gravidade, sinceridade, linguagem sã e irrepreensível, para que o adversário se envergonhe, não tendo nenhum mal que dizer de nós" (Tito 2:6-8).

CAPÍTULO 2

Como Começar: Discípulos Que Fazem Discípulos

Nicholas Barasa

Nicholas Barasa é o coordenador de campo dos jovens da África Oriental e serve em Nairobi, no Quénia. Ser pastor no ministério de jovens é a sua paixão porque ama desenvolver novos líderes e impactar os jovens com a Palavra de Deus. Nicholas vê o discipulado como parte do crescimento à semelhança de Cristo. O seu desejo é conhecer Deus e fazê-Lo conhecido a toda a sua geração.

A igreja do século XXI parece estar num momento decisivo. Devemos reflectir com um espírito crítico sobre onde temos cumprido, ou falhado em cumprir, a Grande Comissão, da qual fomos encarregues por Jesus. Temos de ser honestos e admitir as áreas em que temos falhado, arrependermo-nos e mudarmos de curso. Em África diz-se que o cristianismo tem um metro de largura, mas 1cm de profundidade. Um comentário triste, que revela a vida cristã em África, mas que também pode ser aplicado a outras áreas do mundo. O Evangelho espalhou-se, mas muitas pessoas são apenas religiosas sem estarem verdadeiramente firmadas em Cristo. Apesar de dizerem que são cristãs, o coração de Cristo não se reflecte na sua conduta e crenças e a semente desta dualidade é a falta de discipulado genuíno.

O discipulado é uma viagem que começa quando a pessoa entrega a sua vida a Cristo. O novo crente começa a aprender a viver os fundamentos da fé cristã e o discipulado tem como objectivo promover o crescimento e o amadurecimento espiritual em Cristo. Por outras palavras, a jornada para se transformar à semelhança de Cristo começa quando a pessoa entrega tudo o que é, e o que tem, a Deus, mas continua com a necessidade de entrega diária. A vida de Cristo foi irrepreensível e o desejo de cada cristão deve ser viver uma vida que exemplifique a vida de Cristo.

> **O discipulado intencional é a chave para moldar a vida de uma pessoa de acordo com os valores, ensinos e exemplo de Cristo.**

No entanto, o discipulado não pode acontecer por acaso. O discipulado intencional é a chave para moldar a vida de uma pessoa de acordo com os valores, ensinos e exemplo de Cristo. Jesus escolheu os doze com quem passou todo o Seu tempo, ensinando-os e dando-lhes oportunidade de aprender e fazer perguntas. Durante três anos andou com os doze, para mais tarde os enviar pelo mundo fora, para que ensinassem outros. A nossa responsabilidade no ministério de jovens não termina quando os jovens atingem a idade limite estipulada. A nossa responsabilidade é discipulá-los para quando chegar o momento de os "enviar", eles tenham a sua fé profundamente enraizada, um relacionamento próximo com Deus e estejam prontos a ensinar. Com isto em mente, os nossos pensamentos, estratégias e recursos devem ser canalizados para o ministério de discipulado.

Podemos aprender muito com as tradições africanas em que as histórias e os valores da comunidade eram partilhados oralmente pelos anciãos aos mais novos. Tal, garantia que os jovens seriam capazes de manter e continuar as tradições da sociedade durante o seu desenvolvimento. Todas as oportunidades eram aproveitadas para enfatizar o sistema de crenças da comunidade. Isto normalmente acontecia durante os rituais de passagem. Estas práticas mostram-nos o pensamento estratégico dos anciãos ao certificarem-se que as crenças, valores e tradições não se perdiam pelo caminho. A sua fidelidade para com esta tarefa era a forma como a identidade da comunidade era passada de geração em geração.

Ao começarmos, então, a envolver os jovens no discipulado, devemos saber, honestamente, se aprendemos, ou não, as crenças, os valores e as tradições da grande comunidade cristã. Aceitámos e estamos a viver os ensinamentos chave, que vamos passar à próxima geração? Investimos tempo no nosso próprio discipulado? Temos alguém ou um grupo de pessoas que nos responsabilizem e nos ajudem na nossa própria jornada de fé? Isto é fundamental, porque na vida, não podemos dar o que não temos.

Quem o discipula?

Apesar de muitos não se sentirem qualificados para discipular outros, porque provavelmente também não o foram, tal não é desculpa para abandonarmos a nossa responsabilidade na Grande Comissão. Comece a orar para que Deus o guie para junto de alguém que o discipule. O discipulado não é necessariamente feito com alguém mais velho que se senta à sua frente e faz perguntas. Este pode ser um modelo, mas o discipulado também podem ser dois amigos que se encontram regularmente para falarem sobre a sua fé, fazerem as perguntas mais duras e responsabilizarem-se um ao outro. O importante é termos alguém que está presente na nossa vida e que abra o seu coração para connosco, nos corrija, repreenda e encoraje.

Para ter uma ideia do que pode ser, vamos reflectir sobre três diferentes relacionamentos de discipulado na Bíblia. Estes devem servir tanto de inspiração para o nosso próprio discipulado, como para pensarmos em formas de discipular os nossos jovens.

Jetro e Moisés

Uma relação de discipulado única, que me toca pessoalmente, é a relação entre Moisés e o seu sogro, Jetro. Moisés foi um grande líder, enviado para libertar a nação de Israel da escravidão do Egipto, e levá-los à terra prometida por Deus aos seus antepassados. Com a responsabilidade de liderar os israelitas, servindo como seu intercessor diante de Deus e resolvendo as suas disputas, Moisés rapidamente se sentiu sobrecarregado pelas necessidades do povo. O sogro de Moisés apercebeu-se, e falou-lhe como um conselheiro. Observando a situação do lado de fora, Jetro tinha uma perspectiva única e pôde aconselhar Moisés. Jetro exortou Moisés a voltar à sua tarefa principal, "ser o representante do povo diante de Deus" (Êxodo 18:19). E ainda lhe deu uma alternativa, sugerindo que delegasse as responsabilidades da liderança a outros.

Jetro é mencionado na Bíblia apenas duas vezes antes deste acontecimento e não o volta a ser depois. No entanto, Jetro proferiu palavras de sabedoria a Moisés, que transformaram o seu ministério e estilo de liderança. Tanto quanto sabemos a partir do texto, Jetro não discipulou Moisés de forma contínua. No entanto, como seu sogro, havia claramente um relacionamento de confiança que permitiu a Moisés receber a correcção de Jetro.

Como líder na igreja local e no ministério de jovens distrital, já tive de dar conselhos em várias ocasiões, procurando sempre pessoas que me ajudem a ser responsável particularmente nestes momentos de discernimento e aconselhamento. Sei que é importante ter alguém que me responsabilize na minha caminhada espiritual e de liderança. Tem de ser alguém em quem confio, que esteja disposto a falar honestamente comigo quando as coisas não estão a correr bem. Como autoridades espirituais, devemos considerar aproximarmo-nos dos nossos pastores para este tipo de discipulado e aconselhamento. O pastor está numa posição em que pode orar connosco e ao mesmo tempo desafiar-nos a crescer no nosso relacionamento com Deus.

Portanto, preste atenção. Quem é que Deus está a usar para falar à sua vida, mesmo que não seja alguém com quem se encontre regularmente? Quem é que Deus pôs no seu caminho para falar e partilhar a verdade que o vai ajudar na sua jornada espiritual?

Paulo e Barnabé

Ao viajar, a plantar igrejas e a pregar as boas novas do Evangelho de Jesus aos gentios, Paulo associou-se e era acompanhado por líderes da igreja. Um dos seus parceiros de ministério era Barnabé. Em Actos 11 lemos como Paulo e Barnabé começaram a ministrar juntos e em Actos 13:2 os crentes de Antioquia são instruídos pelo Espírito Santo: "Apartai-me a Barnabé e a Saulo para a obra a que os tenho chamado." A razão para os juntar não é descrita no texto, mas à medida que a história da igreja primitiva se desenrola, a necessidade destes dois líderes terem o apoio um do outro é óbvia.

Como líder no ministério para o qual Deus me chamou, aprendi a importância de ter um Barnabé na minha vida. Um Barnabé, neste caso, são os colegas de ministério que nos apoiam. Podem ser pessoas que servem no mesmo ministério ou noutra igreja, mas devem ser pessoas de quem é próximo, que entendam que Deus o chamou e que sejam apaixonadas pelo trabalho que faz. Estes colegas estarão lá para orar consigo, desafiá-lo a tornar-se uma pessoa melhor e incentivá-lo a crescer à semelhança de Cristo.

O ministério de jovens traz um sem-número de desafios únicos e potenciais armadilhas ao nosso caminho. Caminhar na jornada de discipulado acompanhado, significa que temos alguém que entende esses desafios e que nos ajuda a superá-los. O seu companheiro saberá como perguntar acerca da sua jornada espiritual e do seu relacionamento com Deus e não estará apenas interessado no seu trabalho na igreja. Estará atento às decisões que toma dentro e fora da igreja e será honesto consigo se notar algum problema.

Outro ponto forte deste tipo de discipulado é ter a oportunidade de fazer o mesmo ao seu companheiro. Desenvolve-se um apoio mútuo em que se alegram em conjunto e, quando caem, se levantam um ao outro. Poderão aprender um com o outro, estudar a Bíblia juntos e encorajarem-se mutuamente a colocar o relacionamento com Deus como prioridade central nas vossas vidas.

Paulo e Timóteo

Ao ser levado pelo Espírito Santo para outros locais, Paulo certificou-se que deixava líderes aptos para continuarem o ministério em cada nova igreja. Outros parceiros viajavam regularmente entre as igrejas levando mensagens de encorajamento aos crentes. Um em particular, em quem Paulo investiu muito tempo num relacionamento de mentoreamento e discipulado, era Timóteo. Timóteo era um jovem apaixonado pelo ministério e com muita energia. Conhecemos Timóteo pela primeira vez em Actos, quando ele viaja com Paulo e Silas. Mais tarde, nas cartas de Paulo às igrejas, este menciona Timóteo e podemos observar como era considerado um companheiro de ministério das boas novas de Jesus. Nos livros de Timóteo, podemos ler o sábio conselho de Paulo. Era seu desejo ter líderes discipulados que pudessem continuar o ministério junto dos grupos de novos crentes.

O modelo de discipulado observado entre Paulo e Timóteo é mais próximo do que tradicionalmente consideramos discipulado. Ao começarmos o livro sobre como envolver os jovens em discipulado, quis certificar-me que fazemos uma pausa para considerar o nosso próprio discipulado, para termos certeza que temos pessoas à nossa volta que nos encorajam na nossa caminhada com Deus. No entanto, como cristãos, temos sempre responsabilidade para com os outros. A nossa jornada de discipulado deve ter em conta o "Timóteo" da nossa vida. Em quem é que está a investir a sua vida para que a próxima geração cresça profundamente enraizada na fé?

Discipular de Forma Natural

Há várias formas de nos envolvermos em discipulado no contexto ministerial. O que funciona melhor para mim, na minha área ministerial, é ter etapas de crescimento, permitindo olhar para trás e ver o desenvolvimento e crescimento de um novo crente. Isto ajuda tanto o discipulado como o discipulador a avaliarem se há ou não progresso na sua jornada de fé. Mesmo com estas etapas, é importante lembrar que o discipulado é uma jornada e não uma fórmula. Discipulado é construir um relacionamento duradouro e é, portanto, uma viagem na qual ambas as partes devem estar dispostas a embarcar em conjunto. Quando ambas as partes se comprometem com esta viagem, será uma experiência agradável.

> **Passar de receptor a dador é um passo importante para que haja continuidade no crescimento.**

A jornada de discipulado pode ser feita de várias formas. Até pode desenvolver o seu próprio método, desde que dê frutos. Há três etapas que são princípios comuns para ajudar os outros a aprender novas competências: observar, fazer em conjunto e ser observado. Vou partilhar como uso estas três etapas quando me envolvo em discipulado. Estas também servem como forma de avaliar o progresso em qualquer estratégia de discipulado.

Observar

Como líder de jovens ou voluntário, é importante que seja um exemplo vivo para as pessoas a quem está a discipular. Estes novos crentes estão a observá-lo e vão, eventualmente, captar a mesma atitude e espírito do leitor.

O discipulado deve começar por permitir que o novo crente veja como vive a sua fé. A maneira como o leitor pratica as disciplinas espirituais será uma experiência de aprendizagem para o novo crente e para os jovens cristãos. Como já mencionei, é difícil oferecer algo que não se tem ou dizer a alguém que deve fazer algo que não se sabe fazer. Portanto, deixe os jovens aprender através do seu estilo de vida.

Tal como um bebé que vai observar e repetir o que vê os adultos fazerem, os jovens observam-nos e as nossas escolhas e acções são importantes.

Fazer em conjunto

O discipulado é uma jornada que requer o envolvimento activo de ambas as partes. Incentive os seus jovens discípulos a praticar disciplinas espirituais. Deixe-os participar enquanto caminham consigo nesta jornada. Quando lerem a Bíblia, tire um tempo para ler com eles, ensinando-os a orar e a jejuar. Comece devagar e ajude-os a incorporar estas disciplinas nas suas vidas, passo a passo. O que quer que faça, deixe que os seus jovens discípulos se juntem a si e aprendam pela experiência.

No caso dos novos crentes, é importante respeitar a novidade da fé nas suas vida e deixá-los dar passos de bebé. À medida que crescem e ganham confiança e força, pode ir aumentando as expectativas.

Ser observado

Eventualmente, quando começar a ver o amadurecimento da fé dos seus discípulos, e à medida que estes vivem cada vez mais as suas crenças, pode dar-lhes mais responsabilidades, como por exemplo, conduzir um devocional, liderar um momento de oração em grupo, envolver-se em evangelismo e outras responsabilidades ministeriais. Convidá-los a liderar não é apenas desenvolvimento de liderança, mas também um processo de moldar o discípulo. Passar de receptor a dador é um passo importante para que haja continuidade no crescimento.

Estas novas responsabilidades acontecerão sob a sua supervisão para que possa corrigir se for necessário e também congratular.

A Síndrome do Irmão Mais Velho

Uma palavra de cautela. No discipulado, há o perigo de desenvolver a síndrome do irmão mais velho, que vem da história do filho pródigo. Depois do filho mais novo viajar para longe e gastar toda a sua herança, ganhou juízo e voltou para casa, na esperança de ser aceite como servo pelo seu pai. O pai, por sua vez, acolheu-o de braços abertos e organizou um grande banquete para celebrar e afirmar o lugar do seu filho mais novo na família.

Quando o irmão mais velho chegou a casa e ouviu a celebração, zangou-se com o pai e queixou-se porque o pai estava a celebrar o regresso de um filho ingrato. Ele queixou-se em vez de celebrar. Zangou-se em vez de dar as boas-vindas ao irmão que se tinha perdido. Sentiu que merecia mais atenção por ter ficado em casa permanecendo leal ao seu pai, ao contrário do irmão mais novo.

A síndrome do irmão mais velho é algo sobre o qual não gostamos de falar, ou até admitir que existe na igreja. No entanto, esta parábola mostra-nos que há pessoas que podem até ser cristãos há muito tempo, mas que não dão as boas-vindas quando um novo crente se junta à comunidade. Poucos o dirão, mas estes "irmãos mais velhos" tornam-se extremamente críticos em relação aos "mais novos", agindo até com alguma desconfiança. Quando este comportamento é ignorado, os novos crentes sentem que não são bem-vindos e se ninguém os acompanha na sua nova fé, podem afastar-se e voltarem a viver uma vida sem Cristo.

Temos de preparar os nossos jovens para receberem novas pessoas. Podemos discipulá-los sendo exemplo de como dar as boas-vindas e ter uma atitude inclusiva. Em vez de verem estes novos crentes como pessoas de quem devem desconfiar, devemos mostrar-lhes que é uma oportunidade de discipulado para os jovens que estão mais avançados na sua caminhada espiritual. Podemos reinventar o papel de irmão mais velho, como este deve ser.

Quando usamos esta ideia de irmão mais velho correctamente, os jovens cristãos serão rodeados de pessoas amorosas e cuidadosas para quem podem olhar e aprender, e serão encorajados a continuar na sua jornada de fé. No entanto, sempre que usamos esta oportunidade de forma errada, causamos graves danos à fé destes novos crentes e em última instância, também à igreja.

Por Onde Começar

No início do livro de Actos, os discípulos são instruídos a ir para Jerusalém e aí esperar pelo dom do Espírito Santo. O poder do Espírito Santo permitir-lhes-ia ser testemunhas de Deus "em Jerusalém como em toda a Judeia e Samaria e até aos confins da terra" (Actos 1:8). Esta foi a comissão que Jesus deu aos Seus discípulos e dela, podemos tirar algumas ilações sobre como começar.

Primeiro, os discípulos obedeceram à instrução de esperar em determinado lugar para receber o Espírito Santo. Para ser um discípulo e discipulador eficaz, temos de ter um espírito obediente, a partir do qual nos tornamos sensíveis à voz de Deus, e devemos estar sempre prontos a seguir instruções. Cada um de nós foi instruído a fazer discípulos de todas as nações e, para o fazer, temos de estar dispostos a obedecer às instruções de Deus. É através da nossa obediência que Deus pode usar-nos para impactar o nosso mundo para o Seu Reino.

Da mesma forma, os novos crentes precisam de testemunhos vivos de fé que sirvam de exemplo ao caminharem com Jesus.

Segundo, os discípulos estavam unidos em propósito. Obedeceram e foram unidos no propósito da missão de Deus. Teriam de partilhar a missão de levar o Evangelho a todas as partes do mundo, e estavam unidos no desejo de cumprir a tarefa que os esperava. Enquanto crentes hoje em dia, quando nos dedicamos ao discipulado, devemos estar unidos em propósito. Ser intencionais sobre como fazemos discipulado e estar disponíveis para discipular quem Deus nos trouxer.

O terceiro aspecto é apenas o testemunho dos discípulos. Depois de serem cheios do Espírito Santo, eles não se recusaram a partilhar a mensagem. Saíram para partilhar as Boas Novas de Jesus e o poder da Sua ressurreição. Enquanto crentes, somos chamados a ser testemunhas. Somos testemunhas em primeira mão do que Deus está a fazer e já fez nas nossas vidas. O mundo precisa desesperadamente de testemunhos vivos de fé que atestem o poder transformativo de uma vida rendida a Jesus. Da mesma forma, os novos crentes precisam de testemunhos vivos de fé que sirvam de exemplo ao caminharem com Jesus.

Acima de tudo, não podemos discipular pela nossa própria força. O Espírito Santo é o nosso guia e o único que nos permite sermos discípulos fiéis e autênticos. Peça a Deus que o encha do Espírito Santo para que possa crescer na sua própria caminhada e ser um guia fiel para a próxima geração de crentes. O discipulado é uma jornada empolgante. Vamos partilhá-la com os outros.

Milton Gay

Milton Gay é o coordenador regional da JNI da Mesoamérica e missionário em Guatemala. Gosta do ministério de jovens porque há uma nova geração apaixonada pelo Senhor e pela Sua missão. Milton considera o discipulado importante porque transforma a vida dos jovens e torna-os discípulos de Cristo.

Ao considerarmos a melhor forma de discipular os nossos jovens, devemos ser honestos e questionarmo-nos se as nossas estratégias estão a fomentar um "formalismo rígido" ou um "romantismo sentimental", ou se estamos verdadeiramente a ajudar a semente da fé a desenvolver raízes profundas nos nossos jovens.

Disciplina não é uma palavra popular. No geral, todos nós fazemos o que queremos, quando queremos e onde queremos, e os nossos jovens não são diferentes. Mas, se formos honestos, depressa admitiremos que o glamour do comodismo passa rapidamente e o que fica são consequências negativas que se acumulam. A vida requer disciplina e a nossa vida espiritual não é diferente. Na sua primeira carta aos Coríntios, Paulo relembra-os da necessidade de autodisciplina. "Não sabeis vós que os que correm no estádio, todos, na verdade, correm, mas um só leva o prémio? Correi de tal maneira que o alcanceis. E todo aquele que luta de tudo se abstém; eles o fazem para alcançar uma coroa corruptível, nós, porém, uma incorruptível. Pois eu assim corro, não como a coisa incerta; assim combato, não como batendo no ar. Antes, subjugo o meu corpo e o reduzo à servidão, para que, pregando aos outros, eu mesmo não venha de alguma maneira a ficar reprovado" (1 Coríntios 9:24-27).

A vida cristã exige um esforço intencional para viver em rectidão e crescer enquanto discípulo de Jesus Cristo. As Escrituras usam palavras como instrução, perseverança e disciplina para comunicar este aspecto chave da nossa fé. Como descreve Henri Nouwen, no seu livro *Spiritual Formation* [*Formação Espiritual*]: "Discipulado, contudo, exige disciplina. De facto, discipulado e disciplina partilham a mesma origem linguística (vêm de *discere*, que significa "aprender com") e não devem nunca ser separadas. Disciplina sem discipulado leva a um formalismo rígido, discipulado sem disciplina é apenas romantismo sentimental."[1] Ao considerarmos a melhor forma de discipular os nossos jovens, devemos ser honestos e questionarmo-nos se as nossas estratégias estão a fomentar um "formalismo rígido" ou um "romantismo sentimental", ou se estamos verdadeiramente a ajudar a semente da fé a desenvolver raízes profundas nos nossos jovens.

Neste capítulo, vamos falar sobre o envolvimento das disciplinas espirituais no discipulado. Estas são: leitura da Bíblia, oração, adoração, jejum, silêncio, simplicidade, serviço e ter um diário. Mas primeiro vamos tentar perceber porque é que os nossos jovens precisam de praticar estas disciplinas espirituais; vamos, ainda, definir o nosso papel neste processo e, finalmente, terminar com exemplos práticos de como incorporar estas disciplinas nos nossos ministérios de jovens.

As Disciplinas Espirituais e os Jovens

No livro, *Celebration of Discipline*, Richard Foster diz que as disciplinas espirituais são "uma maneira do Espírito semear. As disciplinas são a forma de Deus nos lançar ao chão; pondo-nos num lugar onde pode trabalhar dentro de nós e transformar-nos."[2] São exercícios ou práticas que apoiam o nosso crescimento espiritual e permitem-nos crescer em maturidade e à semelhança de Cristo. O discipulado é o processo pelo qual aprendemos sobre a vida cristã até sermos moldados à semelhança de Cristo. A necessidade deste nível de abertura à obra de Deus nas nossas vidas é igual nos nossos jovens. De certa forma é ainda mais importante, porque se os jovens adoptarem estas disciplinas quando são novos, é mais provável que se tornem componentes centrais da sua fé na vida adulta. Vamos observar cinco razões pelas quais os jovens devem praticar disciplinas espirituais intencionalmente.

> **Os jovens estão a viver a árdua tarefa de descobrirem quem são ... As disciplinas espirituais fornecem uma chamada de volta ao propósito de Deus e permite que o seu carácter seja moldado por Deus.**

Para viverem livres do pecado e desfrutarem de uma vida de santidade

A única forma de ser livre do pecado e viver uma vida de santidade é pedir a Jesus que seja o nosso Salvador e dar-Lhe espaço para que nos transforme através do discipulado. As disciplinas espirituais chamam-nos a participar em práticas contraculturais para darmos espaço a essa transformação. Para os jovens, que são puxados em tantas direcções, estas disciplinas centram-nos em Cristo e mantêm-nos orientados nas coisas de Deus.

Para se relacionarem com Deus

Como em qualquer relacionamento, o nosso relacionamento com Deus precisa de regularidade e intencionalidade. Os momentos que pomos de parte para Deus devem incluir partilha honesta e escuta atenta. A vida espiritual é construída através de práticas diárias e mantém-nos conectados com a inesgotável fonte de poder e amor. Os jovens querem ser conhecidos e amados como são. Aprender a ouvir a voz de Deus e a receber o Seu amor incondicional é uma experiência transformativa e uma fonte de vida nas suas vidas.

Para conhecer a paz de um relacionamento restaurado

O pecado quebra todos os relacionamentos, mas a graça e o poder de Cristo restabelece-nos com o amor, a paz e a esperança. Para os jovens, ter amizades e um sentimento de pertença é vitalmente importante. Ao aprenderem o que significa estar num relacionamento recto com Deus, tornar-se-ão indivíduos mais saudáveis nos seus relacionamentos com os outros.

Para formar carácter

Deus molda e transforma as nossas vidas e o nosso carácter através das disciplinas espirituais. Romanos 12:2 exorta-nos a não nos conformarmos com os padrões do mundo ou com uma vida medíocre, mas a sermos transformados por Deus. Os jovens estão a viver a árdua tarefa de descobrirem quem são. Experimentam diferentes identidades e atitudes, como se fossem roupa. As disciplinas espirituais fornecem uma chamada de volta ao propósito de Deus e permite que o seu carácter seja moldado por Deus.

Para ser moldado como líder

Um líder espiritual fiel é alguém que está em constante procura por Deus e depende n'Ele e na Sua graça em vez de no seu próprio carisma e talentos. À medida que os jovens são convidados a fazer parte da liderança, deveria haver algum tipo de responsabilização no que toca às várias disciplinas espirituais. Queremos que os nossos jovens sejam líderes que têm um profundo relacionamento com Jesus, que servem e adoram com o povo de Deus, que oram continuamente e que vivem uma vida íntegra perante Deus e os homens.

Discipulado Enquanto Mentoreamento Espiritual

Ao prepararmo-nos para ajudar os nossos jovens a começar ou a ser mais fiéis na prática das disciplinas espirituais, devemos ter consciência do nosso papel enquanto uma espécie de mentor espiritual. Como discipuladores dos jovens, temos de estar dispostos a oferecer todo o nosso conhecimento e experiência ao seu serviço, para que os apoiemos na sua formação e crescimento espiritual. Aqui estão três lembretes do nosso papel nesta jornada.

Mantenha-se perto da realidade dos seus jovens

Nós fazemos parte do maior fenómeno tecnológico da história da humanidade; os telemóveis, *smartphones*, *tablets* e computadores não são apenas acessórios que os nossos jovens levam para todo o lado, são uma extensão dos seus corpos. A exposição excessiva à comunicação social e o uso da internet, mudaram a capacidade de atenção dos jovens em todo o mundo, porque agora, tudo é acessível com apenas um clique. Os nossos jovens estão expostos à corrupção do pecado desde muito novos. Além disso, muitos perdem o interesse em questões de fé e renunciam a quaisquer crenças em Deus.

Enquanto crentes que procuram discipular a próxima geração, o que devemos fazer? Devemos estar atentos à sua realidade. Temos de conversar com eles e ouvir sobre as suas lutas, medos e tentações. Durante estas conversas, devemos interromper o mínimo possível. Devemos apenas escutar, escutar, escutar. Mas mesmo sem falar, temos de ter a certeza que estamos a ser modelos de um discípulo de Cristo.

Ande com eles

Ao trabalharmos para discipular os jovens, devemos estar preparados para investir as nossas vidas e oferecer a nossa ajuda na nossa caminhada conjunta. Não é fácil. A nossa responsabilidade ao discipularmos jovens é acompanhá-los na sua jornada espiritual desde a descrença até uma fé mais madura. As suas jornadas terão muitos altos e baixos. Quando atravessamos os baixos ao seu lado, devemo-nos lembrar da parte mais importante, fomos chamados para oferecer aos nossos jovens exemplos de vida reais e demonstrações do amor incondicional de Cristo.

Confie que Deus os transformará

Isto é importantíssimo. Nós não temos o poder de mudar a vida de ninguém. Podemos ouvi-los e andar com eles, mas apenas Deus os pode transformar. As nossas críticas e persistência vão causar dano sem qualquer resultado. Ore regularmente pelos seus jovens e confie em Deus para fazer a Sua parte. Peça a Deus que o inspire com as palavras certas no momento certo e ore para que o Espírito Santo trabalhe nas suas vidas e nos seus corações permanentemente.

Enquanto líderes, devemos fazer a nossa parte em preparar o solo onde Deus quer trabalhar, na vida dos nossos jovens. O que inclui ter actividades adequadas que os ajudem a relacionarem-se com o trabalho da igreja. Isto também quer dizer que os desafiamos a praticarem as disciplinas espirituais, para que cresçam e sejam transformados.

Quero concluir esta parte com uma história. Há oito anos conheci um jovem que não mostrava qualquer potencial. Não pensei que se viria a tornar num bom líder. A forma como vivia não era a de um cristão, e isto era confirmado pela sua conduta. Com o passar do tempo, enquanto trabalhávamos com ele através das disciplinas espirituais, praticadas como parte do certificado em Ministério Cristão na região Mesoamérica, a sua vida deu uma volta. Deus transformou a sua vida completamente e ele passou a servir como líder de jovens da sua igreja local e, mais tarde, do distrito. Hoje, este jovem é o pastor de uma das igreja com mais membros jovens no seu distrito. Orienta jovens e adolescentes pelos meios da graça, abençoando outros ao praticar a sua fé e outras práticas espirituais.

Não são um fim em si mesmas, mas uma forma de nos ajudar a encontrar Cristo e a viver na graça de Deus numa sociedade indiferente, desregrada e superficial.

As disciplinas espirituais são essenciais se queremos que os nossos jovens levem a sério a chamada para se tornarem discípulos de Cristo. Exploremos então como Deus nos pode usar para levar os jovens a experimentar a graça de Deus através destas práticas.

Praticar as Disciplinas Espirituais

As disciplinas espirituais também são conhecidas como os meios da graça. Praticá-las mantém-nos unidos ao nosso Criador. Não são um fim em si mesmas, mas uma forma de nos ajudar a encontrar Cristo e a viver na graça de Deus numa sociedade indiferente, desregrada e superficial. Para João Wesley e para a Igreja Metodista, as disciplinas espirituais eram essenciais. Oravam constantemente e desfrutavam de uma vida de santidade ordenada e disciplinada. Esta era a sua identidade e deixou uma herança histórica para aqueles que, como nós, seguem as suas tradições e crenças. Num dos seus sermões, João Wesley fala dos meios da graça desta forma: "Por meios da graça, entendo sinais externos, palavras ou acções, ordenadas por Deus e designadas para este fim, para serem canais comuns através dos quais Ele [nos] transmite graça proveniente, justificadora ou santificadora."[3]

Ao discutirmos as várias disciplinas espirituais, pense em como pode intencionalmente incorporar estas práticas nas suas reuniões de jovens, como pode incorporá-las na sua própria vida e como pode chamar os seus jovens a fazer o mesmo. Cada tópico terminará com algumas ideias sobre como pôr a disciplina em prática. Encorajo-o a escolher vários exemplos e fazer planos para ajudar os seus jovens a desenvolver estas disciplinas.

Ler a Palavra

Na sua carta a Timóteo, o apóstolo Paulo (seu mentor e discipulador) escreveu a avisá-lo que deveria estimar a leitura das Escrituras, porque "Toda Escritura divinamente inspirada é proveitosa para ensinar, para redarguir, para corrigir, para instruir em justiça, para que o homem de Deus seja perfeito e perfeitamente instruído para toda boa obra" (2 Timóteo 3:16-17).

Apesar de usarmos a Bíblia regularmente na escola dominical e nas reuniões de jovens, devemos intencionalmente ajudar os nossos jovens a entender toda a história de Deus e o Seu trabalho no nosso mundo. Devemos ser autocríticos e perceber se os nossos jovens estão a sair do grupo de jovens com apenas um top 10 das histórias mais importantes, mas sem perceberem como toda a Bíblia tece a grande história do amor de Deus para com a Sua criação. Conhecer toda a história permite que os jovens olhem para a Bíblia como mais do que um livro de regras ou uma compilação de pequenos contos. Reconhecer o trabalho de Deus no mundo ensina-nos a olhar para como Deus está a trabalhar no mundo hoje, e como nos chama a fazer parte deste trabalho.

Portanto devemos ajudar os nossos jovens a aprenderem a ler a Bíblia, e ajudá-los a entenderem a ideia de que é uma disciplina. Permitir que a palavra de Deus nos molde requer mais do que uma leitura rápida de um ou dois versículos quando já estamos atrasados para sair. Crie momentos para que os seus jovens se envolvam com as Escrituras destas quatro formas:

1. **Leia.** Ajude-os a acalmar os seus corações e mente em preparação para a leitura da Bíblia. Convide-os a começar orando e pedindo a Deus sabedoria para entender o que estão prestes a ler e como o aplicar às suas vidas.

2. **Medite.** Dê-lhes um tempo para reflectir, pensar e procurar o propósito da passagem que acabaram de ler. Eles devem receber as Escrituras, meditar sobre elas e estimá-las nos seus corações de forma a que penetrem nas partes mais profundas do seu ser.

3. **Viva.** Peça-lhes que explorem como Deus pode estar a chamá-los a viver as lições da passagem lida. Desafie-os a planear as acções que terão de tomar para serem obedientes a Deus relativamente a esta passagem.

4. **Partilhe.** Este pode ser o ponto mais assustador para os jovens, mas quando começarem a viver as Escrituras, estarão prontos a partilhar as Boas Novas com outros. Crie espaço para que os jovens possam liderar um devocional, ensinar uma classe da escola dominical ou fazer um estudo bíblico. Partilhar o que aprenderam vai aprofundar e enraizar a verdade nos seus corações.

Pôr em prática:

- Crie pequenos grupos que se encontrem durante a semana para ler a Bíblia em conjunto.
- Encoraje os jovens a usar as aplicações (*apps*) disponíveis gratuitamente para se manterem em contacto com a Palavra de Deus durante a semana.
- Incentive os jovens a manterem um diário onde vão anotando o que aprendem sobre as Escrituras durante a semana.

Oração

A oração é simplesmente uma conversa com Deus. Para João Wesley, a oração era um meio de graça. Wesley acreditava que Deus se faz presente na oração, porque na oração apresentamo-nos perante Deus de forma sobrenatural. Deus está a ouvir-nos e está entre nós. Em *The Upward Call* lemos, "[a oração] é um relacionamento contínuo, um diálogo constante com o Pai celestial. Oração a este nível torna-se tão natural como respirar."[4]

Mas muitos jovens (e adultos também) têm dificuldades em orar, tanto a nível congregacional como em privado. É importante não descartar os seus medos e dificuldades, mas ser honesto com os jovens sobre as nossas próprias lutas e ajudá-los a crescer nesta área da sua vida cristã. Queremos que eles vejam como a oração é parte vital da vida cristã. É através da oração que encontramos o nosso Senhor a quem amamos e em quem confiamos. Oração traz mudança, transformação, libertação, cura, santidade e esperança.

Nas suas reuniões de jovens, convide-os a liderar tempos de oração, mas fale com eles antecipadamente e se ficarem preocupados converse com eles sobre isso. Diga-lhes que podem escrever as suas orações. Dê-lhes espaço para orarem em silêncio. Tenha momentos em que os eleva em oração e intercessão. Esforce-se para que as suas reuniões de jovens sejam espaços seguros onde os jovens podem praticar a oração.

Pôr em prática:

- Ensine os jovens que há várias formas de comunicação com Deus. Para alguns é fácil orar espontânea e eloquentemente, mas outros talvez se expressem melhor escrevendo as suas orações.
- Vá a lugares onde são afixados pedidos de oração pessoais e comunitários.
- Encoraje-os a juntarem-se em oração a uma hora específica, estejam onde estiverem, promovendo a unidade do grupo.
- Ensine-os a dar testemunho público quando Deus lhes dá respostas às suas orações.

Adoração

Na adoração recebemos a graça e esperança de Deus por estarmos em comunhão com outros crentes, unidos em adoração a Deus de coração, alma e corpo. Alegramo-nos e participamos nas canções de louvor que erguemos a Deus, nas ofertas que damos, na pregação da Palavra, na Santa Ceia, nos tempos de comunhão, nas orações e nas confissões que fazemos. Quando pensamos em adoração a Deus, temos de saber que envolve mais do que apenas cantar.

A armadilha mais comum sobre a qual temos de instruir e guardar os nossos jovens, é o perigo de entrar num momento de adoração de ânimo leve. Adoração não é um acto ou um espectáculo. Não abordamos a adoração como simples espectadores, sem qualquer sinal de gratidão, participação ou verdadeira adoração. Por vezes pensamos que se os jovens estão a cantar, estão a adorar. Mas o discipulado, através da disciplina de adoração, significa que não estamos apenas a praticar adoração com os nossos jovens, estamos também a ensiná-los.

Ao prepararmo-nos para a adoração devemos considerar como podemos ajudar os nossos jovens a envolverem-se seriamente nesta prática. Também temos de ajudar os nossos jovens a verem toda a sua vida como adoração a Deus. Adoração vai além do canto corporativo durante um culto. As nossas vidas são para serem vividas como um acto de adoração a Deus.

Pôr em prática:

- Envolva os jovens na liturgia do culto de adoração.
- Desafie e ensine os seus jovens a pregar, ensinar, ofertar, e adorar através de canções.
- Reserve um tempo para se preparar para a adoração antes do culto.
- Desafie os jovens a verem as suas vidas como actos de adoração a Deus.

Jejum

Jejum envolve recusa para crescer na graça de Deus e ter um relacionamento mais próximo com Ele. Jejuar é aprender a depender de Deus mais do que do alimento físico e a mantermo-nos focados no relacionamento com Deus acima de tudo.

Embora o jejum possa ser feito em conjunto na igreja ou num retiro com os jovens, não deve nunca ser forçado e as necessidades físicas dos jovens devem ser respeitadas. Também não deve ser feito como forma de manipular os jovens ou a vontade de Deus. Quando feito adequadamente, estes tempos podem abrir oportunidades únicas para Deus tocar nas vidas dos nossos jovens.

O jejum pode ir além da comida. Num mundo barulhento e superficial, encoraje os seus jovens a estipular tempos em que se abstêm do uso da tecnologia e das redes sociais. Estas coisas separam-nos da comunhão com Deus. Muitos jovens passam horas a comunicar com os seus amigos mas negligenciam a comunicação e o relacionamento com o Senhor.

Pôr em prática:

- Organize um tempo de jejum em grupo como sacrifício vivo e santo.
- Ensine aos jovens o significado do jejum enquanto disciplina.
- Escolha algumas actividades em que se abstenham do uso das redes sociais em grupo, para dedicarem o vosso tempo a adorar e orar a Deus.

Silêncio

Silêncio é abster-se da interacção com outros para ouvir atentamente a voz de Deus e a Sua vontade para as nossas vidas. Como já foi mencionado, vivemos num mundo barulhento. A disciplina do silêncio chama-nos a procurar um lugar onde possamos experimentar a solidão e o silêncio sem distracções para nos focarmos e buscarmos Deus.

Sejamos honestos, esta disciplina pode parecer estranha, desconfortável e até assustadora para os nossos jovens. No entanto, quando estamos sozinhos na presença de Deus, meditando nas Escrituras, a Palavra começa não só a falar connosco mas a enraizar-se nas nossas vidas, aproximando-nos do Pai de uma forma maravilhosa e fazendo-Lhe moradia em nós.

Há alguns anos experimentei pela primeira vez um retiro de silêncio. No princípio foi extremamente enfadonho, porque sou uma pessoa enérgica e apaixonada, que gosta muito de falar. Os primeiros minutos trancado no quarto foram difíceis, mas ao fim de meia hora comecei a experimentar algo extraordinário que mudou a minha vida; agora pratico a disciplina do silêncio com regularidade.

Pôr em prática:

- Organize um retiro espiritual, onde possa combinar as várias disciplinas e praticá-las com os seus jovens.
- Dê aos jovens a oportunidade de desfrutarem do silêncio na presença de Deus.
- Encoraje-os a terem retiros pessoais de renovação espiritual.
- Reúna a sua equipa de liderança num retiro espiritual pelo menos uma vez por ano, para buscarem a presença de Deus.

Simplicidade

No seu livro *Celebration of Discipline* Richard Foster diz, "A simplicidade liberta-nos para receber a provisão de Deus como um presente que não é apenas para nós, mas que deve ser partilhado com os outros."[5] Temos de ajudar os nossos jovens a entender a disciplina de administrar o que Deus nos dá sem opulência ou legalismo, aprendendo a buscar o reino de Deus e a Sua justiça, e confiando que tudo o resto será acrescentado.

Viver em simplicidade é estar satisfeito quando temos pouco ou quando temos mais do que precisamos. A simplicidade chama-nos a viver as nossas vidas à procura de oportunidades para partilhar com os outros as nossas posses, o nosso tempo e as nossas capacidades. Só podemos viver desta maneira quando reconhecemos que tudo o que temos vem de Deus e que somos sustentados por Ele e não por nós próprios.

É particularmente fácil para os jovens encontrarem a sua identidade nas coisas que têm e dependerem da tecnologia, da moda ou de outras coisas materiais que expressam quem são. Esta disciplina também nos chama a encontrar a nossa identidade apenas em Cristo.

Pôr em prática:

- Organize encontros de jovens focados exclusivamente na simplicidade.
- Proporcione oportunidades para os jovens partilharem o que têm com os outros.
- Como líder de jovens, seja um modelo de humildade e simplicidade.

Serviço

Quando entregamos as nossas vidas a Deus, começamos a mover-nos do egocentrismo para o altruísmo. Amar a Deus significa que devemos mostrar amor ao nosso próximo e, só aí, poderemos fazer a diferença nas nossas igrejas, comunidades, escolas, universidades e lares. Deus deu-nos dons para que possamos servir e partilhar a Sua graça com outros.

Quando servimos os necessitados, estamos a cumprir o propósito para o qual Deus permitiu que Phineas F. Bresee criasse a Igreja do Nazareno: para ministrar aos pobres e aos necessitados. As primeiras igrejas da nossa denominação foram um testemunho vivo deste propósito. Da mesma forma, para João Wesley, a santidade era social. Ou seja, não podemos viver a santidade em privado ou apenas dentro da igreja. Temos de sair e expressá-la através do serviço aos outros.

Ao discipularmos os nossos jovens, temos de os desafiar a procurar oportunidades para servir diariamente, porque servir não é uma prática reservada para os dias de culto. Os cultos são importantes, mas o serviço é um estilo de vida em que aprendemos a dar sem esperar nada em troca, servindo alegremente.

Pôr em prática:

- Motive os seus jovens a ajudar os pais e os irmãos em casa.
- Leve-os a visitar, orar e a ser compassivos com os mais velhos, com os órfãos e com os doentes hospitalizados.
- Envolva-os nos vários ministérios da igreja.

Ter um Diário

Escrever num diário não é uma novidade e alguns jovens já têm este hábito. João Wesley tinha um diário e encorajou os seus discípulos a também terem um, para manterem um registo dos seus encontros com Deus. Ter um diário é uma forma poderosa de observar o nosso próprio crescimento em Cristo. É algo simples, mas que tem grande significado, porque através dele pode encontrar o Senhor. Pode começar por fazer anotações no seu smartphone, dedicando um tempo diário a escrever sobre as bênçãos de Deus na sua vida.

Ter um diário cria a oportunidade de uma reflexão focada e é uma resposta para aqueles que têm dificuldade em falar numa actividade de grupo. Tente incorporar momentos para fazer anotações num estudo bíblico, ou na reunião de jovens, para que os seus jovens escrevam o que estão a aprender e o que Deus lhes está a dizer.

Pôr em prática:

- Desafie os jovens a terem um diário pessoal onde escrevem detalhadamente as suas experiências do dia a dia.
- Desenvolva um guia com versículos e pensamentos para reflexão que os ajude a escrever as suas experiências.

Caminhar Com os Seus Jovens

Vários escritores concordam que o discipulado com recurso às disciplinas espirituais é uma jornada de formação espiritual. Contudo, ao começar esta maravilhosa aventura, temos de ter companheiros para a viajem; companheiros que nos vão ajudar e a quem também poderemos ajudar. Não podemos desafiar os nossos jovens a pôr em prática estas disciplinas sozinhos, também temos de as pôr em prática nas nossas vidas.

Por si só, as disciplinas não são o elemento mais importante da jornada, porque são apenas um meio pelo qual a graça de Deus flui. O elemento mais importante da jornada é Deus. Deus é a razão pela qual as abraçamos, as encarnamos e as ensinamos às gerações seguintes. Se escolher embarcar nesta jornada, o leitor e os seus jovens vão ser verdadeiramente libertos e tornar-se-ão filhos de Deus fiéis, disponíveis e preparados para as boas obras.

CAPÍTULO 4

Discipulado em Grupos:
Descobrir as Vantagens das Comunidades Formativas

Nabil Habiby

Nabil Habiby é líder de jovens em Beirute, no Líbano. Entusiasma-se com o ministério de jovens porque vê os jovens no início de uma longa viagem para descobrir e envolverem-se com Deus. Nabil acredita que o discipulado é importante, porque sem ele, todos os nossos programas, palestras, jogos e acampamentos são praticamente inúteis.

"E subiu ao monte e chamou para si os que ele quis; e vieram a ele. E nomeou doze para que estivessem com ele e os mandasse a pregar" (Marcos 3:13-14).

Definir os Termos e Mapear o Caminho

O que é que queremos dizer com "grupo de discipulado"?

Neste capítulo vamos falar sobre como discipular os jovens em grupo. Mas antes disso, é importante definirmos o que é um grupo de discipulado. Em primeiro lugar, sempre que falarmos em grupo de discipulado estaremos a falar de um número específico de pessoas. Pode ser um número maior, ou menor, mas é sempre estável. Em segundo, um grupo de discipulado é um número específico de pessoas que se encontram com regularidade. Mais uma vez, pode ser duas vezes por semana, ou duas vezes por mês, mas os encontros são estipulados e regulares. Finalmente, um grupo de discipulado neste capítulo é um número específico de pessoas que se encontram com regularidade, na mesma zona ou área geográfica. Não tem de ser no mesmo lugar. Pode ser uma vez numa igreja, e depois noutra e ainda num café ou na casa de alguém. Mas sempre na mesma zona. Portanto, sempre que falarmos de um grupo de discipulado neste capítulo, estaremos a falar de um número específico de pessoas que se encontram regularmente na mesma zona.

Porquê formar grupos?

Porque são os grupos, grandes ou pequenos, importantes? Em primeiro lugar, o próprio Jesus formou um grupo de doze discípulos. Ele tinha, provavelmente, diferentes graus de intimidade com cada discípulo, mas todos formavam o grupo dos doze. Em segundo, a nossa própria natureza humana procura a comunhão; uma profunda sensação de estar em comunhão com os outros. Em terceiro, aprender, um aspecto importante do discipulado, acontece de forma inovadora quando estamos em grupo. E finalmente, a nossa fé cristã é, na sua essência, uma relação de amor com um Deus Trino — um Deus que é um relacionamento amoroso de três pessoas — e uns com os outros. O discipulado em grupo dá ao indivíduo a oportunidade de aprender a viver a sua fé de formas práticas e criativas.

Para onde é que vamos agora?

Como é que podemos começar a explorar o discipulado em grupo? Seremos guiados pelo tamanho do grupo. Portanto, na primeira parte vamos falar sobre grupos de dois, na segunda sobre pequenos grupos e na terceira sobre a igreja como grupo. Cada parte inclui instruções sobre como formar os respectivos grupos, conselhos sobre como desenvolver o discipulado, avisos sobre potenciais armadilhas, uma lista de vantagens que aquele tipo de grupo traz e algumas questões para reflexão no final. As palavras abaixo derivam de dez anos de experiência pessoal, na igreja, ONG (organização não-governamental) e escola ministerial com outros jovens. Oro para que as minhas humildes sugestões sejam um agente catalisador para um interesse crescente e um compromisso com o discipulado. Já chega de introdução, avancemos!

Parte 1: A Amizade Estimada — Grupos de Dois

Como é que são formados?

Começamos com o grupo básico, duas pessoas. Como é que este grupo é formado? O primeiro pensamento que nos ocorre é "como é que vamos escolher um dos nossos melhores amigos?" É possível que tenha entre 10 e 100 participantes no seu grupo de jovens, mas é quase impossível ter um relacionamento de discipulado com cada um deles. Aqui estão duas dicas para o ajudar.

Deixe que ocorra naturalmente. Às vezes as circunstâncias (a mão de Deus?) trazem alguns jovens para junto de si. Talvez sejam os jovens que tem de levar a casa depois da reunião. Ou talvez seja o adolescente que é seu vizinho. Ou até a rapariga que vê todas as semanas no centro comercial. Seja qual for o caso, mantenha um coração aberto (e a agenda também) para os jovens que sente que Deus está a colocar no seu caminho. Lembro-me de um vez estar a orar e a pedir sabedoria para escolher quem iria discipular e na semana seguinte um dos adolescentes que é aluno na escola onde trabalho veio ter comigo e disse, "quero encontrar-me consigo uma vez por mês". Ok, tudo bem Deus, mensagem recebida. É provável que não aconteça de forma tão óbvia com toda a gente, mas mantenha-se alerta.

Deixe que a química faça o seu trabalho. É provável que se um adolescente não gostar muito de si não o vá querer ter como mentor. Deve ter 5 líderes para um grupo de cerca de 30 adolescentes (espero). Com quem dos 30 se dá melhor? Com quem é que faz o clique? Quem é que passa mais tempo consigo? Ou, inversamente, quem é o adolescente que está sempre sozinho e não se liga a ninguém? Em ambos os casos, quer um jovem se dê bem consigo ou esteja a precisar de um amigo, o leitor deve provavelmente interferir e estabelecer um relacionamento de discipulado com essa pessoa.

Como é que o discipulado acontece?

Já se tornou amigo do adolescente. Óptimo. E agora? Como é que o discipulado acontece? Deixe-me começar por dizer que ainda estou para ter uma boa experiência em aplicar um currículo de discipulado num relacionamento a dois. Se tiver um currículo excelente ou uma experiência diferente da minha, óptimo. Use-a. Eu prefiro que o discipulado em grupos de dois aconteça de três formas.

Primeiro, através de conversas informais. A conversa ao jantar pode começar na escola ou no tempo e acabar em sexo e a Bíblia. As melhores conversas que tive com adolescentes aconteceram quando os *levava a casa* depois de termos jantado ou saído para uma caminhada. Dei conta que as conversas sobre namoro, masturbação, a diferença entre a Bíblia e o Corão, e uma série de outros tópicos polémicos acontecem quando se esgotam as trivialidades. À medida que constrói este relacionamento de mentoria com regularidade, o adolescente começa a falar sobre os tópicos mais pertinentes na sua espiritualidade logo no início do encontro.

Segundo, através de discussões informais, à medida que o relacionamento vai evoluindo, vai começar a receber telefonemas de urgência a pedir ajuda para resolver diferentes situações. Podem não lhe ligar, literalmente, mas é em momentos de urgência que tem a oportunidade de aprofundar os laços com o seu jovem discípulo. O simples facto de que este adolescente lhe ligou primeiro, porque o seu pai o pôs fora de casa, é um sinal de grande confiança. *Não* estou, de todo, a dizer que deve causar uma crise para que possa depois dar apoio, mas ao construir um relacionamento com o jovem, esteja pronto para intervir quando chegar o momento.

Seja através de um currículo previamente estipulado, de conversas informais, de urgências ou durante o dia a dia do ministério, tudo isto são oportunidades para partilhar a vida e ajudar o jovem — e o leitor — a ser mais como Cristo.

Finalmente, além das conversas informais e das crises, tenho percebido que os jovens se abrem mais quer a nível social, quer a nível espiritual, quando estão envolvidos consigo no ministério. Levo-o consigo se for visitar alguém, distribuir alimentos, preparar o louvor do culto de jovens ou limpar a cave da igreja. Deixe-o ser um membro activo do reino de Deus (mesmo que ainda não perceba o que isso é). Eu tinha uma óptima relação com um jovem que era aluno na escola. Este jovem acabou o ensino, mas continuava a vir ao meu escritório, de vez em quando, para conversar sobre teologia e sobre a vida. Comecei a levá-lo comigo quando ia visitar famílias de refugiados na zona da igreja. Tempos preciosos em que o nosso relacionamento era fortalecido e tínhamos oportunidade de conversar sobre o significado de uma vida cristã de formas práticas. Este jovem escolheu ser ministro numa igreja tradicional e estou entusiasmado para ver o crescimento do seu ministério em Beirut.

Seja através de um currículo previamente estipulado, de conversas informais, de urgências ou durante o dia a dia do ministério, tudo isto são oportunidades para partilhar a vida e ajudar o jovem — e o leitor — a ser mais como Cristo. Mas deixo algumas palavras de cautela.

Quais são os perigos do discipulado em grupos de dois?

Ter um grupo de discipulado com um adolescente traz algumas armadilhas. Primeiro, deve ter muito cuidado em como os outros jovens, que também querem a sua atenção, vêem o relacionamento. Será que vão sentir inveja? Será que vão pensar que é tratamento especial? No Líbano é costume convidar todos os amigos para o casamento. Eu decidi não convidar nenhum dos alunos da minha escola para o meu. Mas convidei alguns alunos que já tinham terminado os estudos e a quem eu estava a discipular. Uns meses mais tarde, soube que alguns jovens na escola andavam a resmungar porque não tinham ido. Ao construir um relacionamento próximo com um jovem, há outro que provavelmente vai ficar chateado, tal como quando José recebeu o seu manto. Para contrariar esta tendência, trabalhe com os outros líderes do grupo de jovens ou da igreja e encoraje-os a serem intencionais para com os outros jovens. Faça o seu melhor para que todos os adolescentes sejam discipulados desta forma por alguém.

Segundo, e isto é importantíssimo, misturar sexos no discipulado é um desastre à espera de acontecer. Porquê? Passar tempo regularmente com uma pessoa do sexo oposto, especialmente quando essa pessoa é uma adolescente, abre o caminho para comportamentos imorais. Mesmo quando são ambos do mesmo sexo é preciso ter cuidado para não se desenvolver uma relação de dependência, onde o jovem discípulo olha para si à espera de resolver os seus problemas, de idolatria, se o jovem achar que o mentor é perfeito, ou de substituição, onde o mentor substitui a família e os amigos do jovem discípulo. Mas não tenha medo, estes grupos de discipulado a dois também oferecem oportunidades únicas.

Quais são as vantagens do discipulado em grupos de dois?

A primeira vantagem é ter a possibilidade de ir além do primeiro nível do ministério cristão, onde apenas se transmitem ao jovem as verdades do Reino. Ao construir a relação, terá a possibilidade de conversar, partilhar e ser desafiado pelo Reino de formas novas e revigorantes. À medida que a confiança cresce, também crescem as conversas; a transformação é real.

A segunda é que estas amizades costumam durar para lá da adolescência. Os olhos da minha mulher ainda brilham sempre que vê a sua mentora. À medida que o seu jovem cresce e se torna adulto, vai perceber que a vossa amizade tomará contornos de um nível totalmente diferente. Inversamente, se a comunicação parar, pode vir a ser surpreendido certa noite, com um telefonema do seu jovem discípulo a precisar de conselhos ou simplesmente a dizer olá.

Grupos de discipulado a dois são algo maravilhoso. A vida cristã é, na sua essência, um relacionamento a dois, entre Cristo e cada um de nós, não é? Sim, caminhamos juntos como um corpo formado por todos os crentes, mas para andarmos juntos em amor, temos de andar pessoalmente com Cristo. O que é então um grupo de discipulado a dois? É um desafio, um convite para ser Cristo que caminha com um adolescente e para ver Cristo no adolescente com quem caminhamos. Descubram o Reino juntos!

Parte 2 — A Familiaridade do Companheirismo: Pequenos Grupos (3 a 12 pessoas)

Como é que são formados?

Passamos agora ao território mais familiar, os pequenos grupos. Como é que são formados? Na minha experiência, formam-se a partir de dois cenários diferentes: uma actividade em comum ou um atributo em comum. Primeiro, pode vir a perceber que no seu grupo de jovens, vários, partilham os mesmos interesses. Há algum tempo um amigo ensinou-me a jogar Catan (não, não é publicidade pagã). Em menos de nada 5 jovens do meu grupo também se tornaram aficionados. Encontrávamo-nos a cada duas semanas para jogar Catan. E aqui está: o grupo estava formado. Não era um grupo de discipulado oficial, mas quando trabalhamos com adolescentes há algum tempo percebemos o quão difícil e precioso é ter um grupo que se encontra regularmente a cada duas semanas. Este grupo é facilmente transformado num grupo de discipulado inspirado na temática do jogo. Outro exemplo são três adolescentes que gostam de comer. (Quem não?) Há um ano, começámos a sair todos os meses para experimentar novos restaurantes. Enquanto comemos, as nossas conversas passam por todos os aspectos da vida, inclusive o que significa seguir Cristo hoje em dia. Um outro exemplo é um grupo de discipulado com 10 adolescentes baseado no teatro, liderado pela minha mulher. Todos eles gostam de teatro e todos querem saber mais sobre a Bíblia.

E em segundo lugar, o grupo pode formar-se com base em atributos comuns. Os jovens podem ser todos da mesma idade ou morar na mesma zona ou ter qualquer outra coisa em comum. Sentem-se naturalmente confortáveis quando estão juntos. Mas tenha em atenção que os pequenos grupos também servem para desafiar os adolescentes a sair da sua zona de conforto e a eliminar a percepção de "nós" e "eles". Contudo, através de interesses ou atributos em comum os grupos formam-se naturalmente sem qualquer esforço da sua parte.

Deixe-me salientar que, para começar um grupo de discipulado oficial, a iniciativa tem de partir do líder. Como já observámos, o grupo pode formar-se naturalmente, mas para ser um grupo de discipulado o líder tem de dar o primeiro passo. Sempre achei que designar um dia e uma hora para encontros regulares dá um certo grau de seriedade ao grupo e ajuda o líder a discipular de forma mais eficaz.

Como é que o discipulado acontece?

Formou um grupo de discipulado, mas ao contrário do grupo de dois, deixar que aconteça em conversas informais ou momentos de crise não vai trazer resultados positivos. Não estou a dizer que deve transformar o grupo numa classe, mas criar uma rotina e uma certa estrutura saudável vai trazer os seus dividendos em termos de discipulado. Portanto, eu aconselho o líder ou a adoptar um currículo estipulado (seja criado por si ou de outro autor) ou a designar tópicos para cada encontro. Pode conversar mais informalmente usando a Bíblia de vez em quando, mas determine os tópicos. Eu costumo fazer sessões de perguntas e respostas a cada 4 encontros para quebrar a rotina e dar oportunidade aos adolescentes de se expressarem livremente. Quando um adolescente me faz uma pergunta que não tem nada a ver com o tópico do dia eu digo-lhe "anota a pergunta e volta a fazê-la na próxima sessão de P&R". Deixe-me acrescentar que é vital explorar uma passagem bíblica em cada encontro. Pode ser através de teatro, conversas, vídeos ou outra coisa qualquer, mas os adolescentes devem familiarizar-se com a Bíblia, se não for por mais nada, pelo simples facto de que um dia vão sair do seu grupo. Se nessa altura não sabem ler a Bíblia (e desfrutar dela), o seu trabalho terá sido em vão.

Conversas informais têm o seu papel no discipulado. Tendem a acontecer à margem do encontro; quando se espera por um membro atrasado, enquanto se põe a conversa em dia logo no início, quando vai levar os adolescentes a casa ou até quando conversam no chat das redes sociais. É nestes espaços que acontecem à *volta* do tempo oficial de discipulado que as conversas informais o ajudarão a aprofundar o relacionamento com o seu pequeno grupo. Embora eu tenha argumentado que as questões não relacionadas com o tema principal devem ser colocadas nas sessão P&R, às vezes é preciso deixar fluir a conversa, o que quer dizer que pode não concluir o assunto daquele dia.

Se fazer discipulado em grupos de dois é um opção, ministrar em pequenos grupos é obrigatório. Num pequeno grupo tem 3 a 12 adolescentes cheios de energia que estão a aprender o que significa ser parte do reino de Deus. Bom, notícia de última hora, o reino não é ficar sentado à volta de uma mesa a ler a Bíblia. Conheço um grupo que vai a cada dois meses ajudar a empacotar alimentos numa ONG. O nosso programa de crianças é liderado por alguns "adultos" e um grupo de adolescentes que está a ser discipulado. A comissão que me ajuda a liderar o ministério de jovens na igreja local é também composta por líderes adultos e o mesmo número de adolescentes a serem discipulados. As oportunidades são infinitas. Tenho pena da igreja ou comunidade que não investe nos seus pequenos grupos para a obra do Reino. Mas nem tudo é ar fresco e os pequenos grupos também trazem alguns perigos.

Quais são os perigos dos pequenos grupos?

Primeiro temos os jovens introvertidos, que vão desabrochar no discipulado a dois, mas que dificilmente se envolverão nos pequenos grupos. Isto acontece mais em grupos acima de 6 pessoas. Tenha cuidado ao liderar o grupo, para que não se torne um grupo de 8 participantes e 4 espectadores. Aqui o papel da criatividade ao abordar a passagem bíblica e ao fazer ministério juntos é fundamental para garantir que os jovens introvertidos também participam no grupo.

Outra potencial armadilha dos pequenos grupos é aceitar/rejeitar membros. Por exemplo, pede aos que chegaram atrasados (15 minutos) para esperar lá fora e não interromper o grupo, ou dá-lhes as boas vindas? O que é que faz com adolescentes que estão sempre a faltar? E o nível espiritual? Escolhe pessoalmente os participantes do grupo ou é aberto a quem quiser participar? Cada uma destas opções traz vantagens e desvantagens. Eu, e outros, provavelmente, não temos respostas simples. O que lhe posso dizer é que tem de se certificar que os jovens que frequentam e participam no grupo são discipulados. Tal como nos grupos a dois, alguns jovens vão sentir-se postos de parte e podem até ficar ressentidos com os que fazem parte do grupo de discipulado. Mas tenha cuidado e não crie uma mentalidade de hierarquia em que os que estão a ser discipulados são de alguma forma mais santos ou superiores dos que apenas frequentam as reuniões de jovens normais.

Não há apenas o perigo dos não participantes; os pequenos grupos ficam extremamente vulneráveis e podem deteriorar-se rapidamente se dois membros do grupo entram em disputa. Certo grupo, formado por 6 rapazes, estava a ter óptimos resultados e já durava há dois anos; até que dois deles se envolveram numa contenda. Um saiu, e os outros tomaram partidos, e o grupo de discipulado que antes era sólido começou a ficar desgastado. Não acho que haja forma de impedir estas situações. Faz parte da vida. Mas pode, no entanto, ser um líder pro-activo e intervir numa fase inicial e tentar a reconciliação ou, em casos extremos, pedir às partes envolvidas que deixem o grupo até resolverem a situação. Em última instância, se não conseguimos aprender a resolver conflitos pacificamente num grupo de discipulado da igreja, onde é que vamos aprender?

Um último perigo é permitir que o grupo de discipulado se torne uma réplica do culto de Domingo. Não deve estar meia hora a dar um "sermão" no grupo de discipulado. Pense que é mais um estudo bíblico para jovens. O grupo encontra-se para explorar a Bíblia, conversar sobre o Reino e depois sair e ser o Reino. Os cultos de Domingo são maravilhosos, mas não são pequenos grupos de discipulado.

Em suma, tenha atenção aos jovens introvertidos que se isolam, ao rejeitar/ aceitar membros, aos conflitos dentro do grupo e a evitar uma reprodução do culto de Domingo. Já chega de avisos; passemos às vantagens.

Quais são as vantagens dos pequenos grupos?

A primeira são as conversas profundas que podem e realmente acontecem nos pequenos grupos. Pode ver os mesmos adolescentes durante 5 cinco anos e nunca ter uma conversa profunda com eles. Mas se passar algum tempo com eles num grupo de discipulado estruturado e pequeno, vai dar por si a conversar sobre a inteira santificação e o avivamento wesleyano. Se se mantiver fiel ao preparar os conteúdos de forma a envolver criativamente os jovens na Bíblia, as conversas profundas vão acontecer.

E a segunda são as amizades que se constroem. Vai perceber rapidamente que o grupo gosta de sair para actividades divertidas fora dos encontros de discipulado. As amizades que surgem destes pequenos grupos podem durar uma vida.

Se se mantiver fiel ao preparar os conteúdos de forma a envolver criativamente os jovens na Bíblia, as conversas profundas vão acontecer.

E finalmente, alegre-se, um pequeno grupo é um modelo da igreja primitiva. Os estudiosos da Bíblia concordam que as igrejas primitivas do mundo romano eram provavelmente igrejas em casa. Pequenos grupos que se encontravam para ler as Escrituras, partilhar os ensinos dos apóstolos e partilhar a santa ceia. Também eram grupos que se apoiavam uns aos outros, como evidenciado nos capítulos de Actos, em que os ricos partilhavam o que tinham com os pobres. Portanto, ao juntar-se ao seu grupo de adolescentes para conversar sobre a Palavra de Deus e ser o Reino, seja feliz, porque está a envolver-se numa prática milenar. A igreja primitiva transformou continentes. Quem sabe o que o seu grupo fará!

Parte 3 — O Encontro Alegre:
Os Grupos da Igreja (13-50 pessoas)

Como é que são formados?

Alguns leitores podem opor-se a colocar todo o grupo de jovens sob um grupo de discipulado. E eu pergunto: Há algum tipo de discipulado durante a reunião de jovens normal? Eu acho que sim. Mas antes de explorarmos como é que isto acontece, vamos falar sobre como é que este grupo se forma. Há um infinito número de documentos, *online* e em livro, que falam sobre como iniciar reuniões de jovens. Eu apenas destaco que um grupo de igreja é construído quando convidamos adolescentes a fazerem parte do grupo, quando os pais trazem os seus filhos às reuniões semanais e quando o horário normal da reunião é respeitado. Este último ponto é crucial, porque um jovem que chega à igreja e a encontra fechada dificilmente volta a ir. Penso que esta introdução é suficiente; falemos então de como discipular um grupo grande.

Como é que o discipulado acontece?

Em primeiro lugar, acontece na sua forma tradicional de ouvir a pregação, orar e adorar. Se a mensagem é envolvente e relevante para os jovens, se o tempo de adoração é conduzido de forma criativa e fiel, então sim, estes aspectos mais aborrecidos da reunião podem tornar-se momentos de discipulado em que os jovens ganham novas perspectivas, tomam decisões e apaixonam-se mais e mais por Cristo.

Tal como nos outros tipos de grupos, o discipulado também acontece nos momentos mais informais da reunião. Quando se põe a conversa em dia, logo no início, ou no fim (durante o lanche, naturalmente), durante as actividades e quando leva os jovens a casa. Como já mencionámos, estes momentos fomentam o desenvolvimento dos pequenos grupos e dos grupos de dois. Conduzir uma reunião com o conteúdo perfeito (leia-se: doido e envolvente), mas não aproveitar estes momentos para se envolver mais com os adolescentes é praticamente inútil! Não esteja sempre ocupado na preparação dos programas e das actividades. Permita que alguns líderes se sentem com os adolescentes e interajam com eles. O lanche não serve para os líderes se juntarem e fazerem piadas sobre a semana. É um tempo precioso para fazer mini-discipulado: os relacionamentos são fortalecidos, é-lhes dada atenção e há uma partilha do que é a vida. Estes momentos de mini-discipulado podem até ser os mais importantes.

Finalmente, e já deve estar à espera do que aí vem, o discipulado na igreja acontece quando ministramos juntos. Certo ano, em parceria com os Jovens Para Cristo do Líbano, pela altura do Natal, levámos o nosso grupo de jovens a visitar um bairro de lata de baixo de uma ponte em Beirut. Montámos várias estações que exploravam a história do Natal. Alguns dos jovens voluntários não sabiam a história! Foi um tempo de interacção maravilhoso com os adultos e as crianças daquela zona. E todos os envolvidos ganharam um melhor entendimento do que é o Reino. Noutro ano fomos a uma ONG local que cuida das crianças de rua, dando-lhes jantar e programas especiais. Mais um vez, alguns dos jovens não tinham um compromisso sério com Deus, mas participaram e viram, em primeira mão, o que significa ser a mão de Deus neste mundo.

Alguns jovens nunca farão parte dum pequeno grupo de discipulado ou de um grupo de dois. Alguns nunca vão prestar atenção às conversas e reuniões! Portanto os tempos informais de conversa ou as actividades desenvolvidas em conjunto pelo ministério serão os únicos momentos em que verão o que significa viver para/com Cristo!

Quais são os perigos dos grupos de igreja?

Há dois perigos principais em discipular grupos inteiros. Primeiro, as reuniões de jovens podem, com o tempo, tornarem-se rotineiras. Entenda, por favor, não quero com isto dizer que ter uma rotina é mau. Eu tenho tomado o pequeno-almoço todos os dias da minha vida e é uma óptima rotina! Mas tento, no entanto, diversificar o que como ao pequeno-almoço, para manter um equilíbrio saudável e desfrutar desse momento. Ao preparar as reuniões de jovens pergunte-se a si mesmo: o que é que estou a fazer de novo para despertar os jovens para a realidade de Deus e do Seu Reino? Pode não mudar a ordem da reunião, mas mude a forma como dá a mensagem. Mantenha a socialização no início, mas afixe alguns versículos estimulantes nas paredes da igreja. As oportunidades são infinitas!

Se os grupos de discipulado a dois nos mostram como andar com Cristo, e se os pequenos grupos oferecem apoio espiritual, então o grupo de jovens da igreja oferece um vislumbre do que é ser igreja: um grupo vibrante de pessoas diferentes que se unem em torno da pessoa de Jesus!

Em segundo lugar, numa escala maior do que os pequenos grupos, alguns dos jovens tornar-se-ão meros espectadores. Ficar sentado sem qualquer envolvimento não fomenta novas experiências com Deus nem desenvolve o discipulado. Mais uma vez, planeie a reunião de forma a que todos os adolescentes, se quiserem, pelo menos, tenham oportunidade de se envolverem e aprenderem mais sobre o Reino.

Quais são as vantagens dos grupos de igreja?

Ao contrário do segundo perigo mencionado, os novos jovens ou os que estão apenas a descobrir o que é tudo isto, podem passar despercebidos. Os outros grupos de discipulado não têm essa opção. Alguns adolescentes ainda não estão convencidos sobre esta coisa de Jesus, ou ainda não se sentem confortáveis a envolverem-se mais com os outros. Os grupos de igreja dão-lhes a oportunidade de estar à vontade.

Em segundo, todos sabemos que quanto maior o grupo melhor é a festa. Quer fazer uma festa de Natal? Quer participar num grande ministério? Os grupos de igreja dão-lhe oportunidade de fazer as coisas em grande! Ter um salão com 40 adolescentes bem-dispostos torna qualquer actividade mais divertida.

Em terceiro, os grupos de igreja preparam os jovens para a vida adulta na igreja. Se já são capazes de se sentarem sossegados durante o louvor e a pregação, terão mais facilidade em encontrar a relevância dos cultos de Domingo. Se aprenderem o que significa ser uma igreja ainda em novos, vão ter mais facilidade, à medida que crescem, em adaptarem-se aos grupos maiores da igreja local.

E finalmente, como as reuniões de jovens geralmente acontecem na igreja, os adolescentes vão começar a desenvolver um sentimento de pertença para com a igreja. Enquanto que nos outros dois grupos o adolescente desenvolve um relacionamento especial com o líder, neste o relacionamento é com o próprio lugar. Se os grupos de discipulado a dois nos mostram como andar com Cristo, e se os pequenos grupos oferecem apoio espiritual, então o grupo de jovens da igreja oferece um vislumbre do que é ser igreja: um grupo vibrante de pessoas diferentes que se unem em torno da pessoa de Jesus!

Conclusão

Permita-me terminar com alguns desafios que creio serem os principais no ministério de jovens hoje em dia.

Vivemos numa era onde o individualismo é crescente. Como é que os nossos grupos de discipulado fomentam a comunidade numa era em que me posso "ligar" a qualquer pessoa a partir do meu *smartphone*?

Vivemos numa era de aparências. O que faço e como o faço é o assunto principal das minhas redes sociais. Como é que os nossos grupos de discipulado fomentam a intimidade, o saber que sou amado por quem sou sem ter feito nada de especial e independentemente da minha aparência?

Finalmente, vivemos numa era de soluções imediatas. Como é que os nossos grupos de discipulado a longo prazo nos lembram que a fé é uma jornada de crescimento gradual, e que o Reino de Deus começa como um grão de mostarda e vai crescendo lentamente até se tornar numa bela árvore?

Andrea Sawtelle

Andrea Sawtelle é pastora de jovens e serve em Quincy, Massachusetts, EUA. Gosta do ministério de jovens porque lhe permite ver os jovens apaixonarem-se cada vez mais por levar o amor de Cristo para fora das paredes da igreja. Para Andrea, o discipulado é importante porque precisamos uns dos outros ao vivermos a nossa vida com Cristo.

O Ministério de Jovens Serve Para Alguma Coisa?

Tínhamos acabado de regressar de uma incrível viagem missionária às Honduras. Tivemos inúmeras oportunidades de servir em orfanatos, igrejas, escolas e em tantos outros lugares. A nossa equipa tinha ministrado a cerca de 1000 crianças, os nossos corações foram quebrados pelo que encontrámos e fomos transformados por isso. Não era a primeira vez que levava um grupo de jovens para fora do país numa viagem missionária, mas desta vez foi diferente. Foi diferente por causa da Sarah.

Eu e a Sarah conhecemo-nos durante o seu 10° ano, quando ela quis entrar para a minha equipa de vólei. Eu era treinadora na escola secundária local e logo no início percebi que ia gostar de trabalhar com ela. Era uma atleta natural, trabalhadora, ansiosa por crescer e respeitadora. O 10° ano correu--lhe bastante bem.

No 11° ano, a Sarah foi um dos poucos estudantes a entrarem para a equipa universitária, e achámos que seria outro grande ano de crescimento para ela. Mal sabíamos que se tornaria um dos anos mais difíceis. Umas semanas depois do início da temporada, a mãe da Sarah ligou-me para casa. Começou por dizer: "Eu sei que é a treinadora da Sarah, mas ouvi dizer que também é pastora e não sei quem mais procurar." Naquele dia ouvi uma mãe extravasar de preocupações sobre a sua filha que estava a ter tantas dificuldades e ela não sabia como a ajudar. Quebrou-me.

Depois de desligar o telefone decidi que faria tudo ao meu alcance para ajudar a Sarah. Nos treinos tentava encorajá-la, conversar com ela e perguntar-lhe como iam as coisas. Queria que ela se sentisse amada, valorizada e que Deus tinha um propósito e um plano para a vida dela. Várias semanas depois do início da temporada, senti que Deus me estava a pedir que a convidasse a ir às Honduras com o nosso grupo de jovens. Não só ela não tinha um relacionamento com Deus, como também não fazia parte do grupo de jovens. Mas ela disse que sim. Eu acreditava de todo o meu coração que a experiência nas Honduras iria mudar toda a sua vida. Contudo, não sabia como iriam ser os 9 meses anteriores à viagem.

A Sarah foi parar a um centro de detenção juvenil a meio da temporada desportiva. Rodeou-se de escuridão demasiado rápido e não estava, de todo, bem. Foi removida da escola, da sua casa, de tudo o que lhe era familiar. Teve tantas dificuldades em adaptar-se ao centro de detenção que foi transferida para outro ainda mais longe de casa e com mais restrições. Eu comecei a orar fervorosamente por ela, esperando que Deus quebrasse a escuridão e procurando agarrar-me àquilo que sabia ser a verdade. O lugar dela era na viagem missionária connosco.

Passei muito tempo com a Sarah durante este período. Visitei-a nos centros de detenção, enviei postais de encorajamento e continuei a construir um relacionamento com a sua família enquanto tentávamos lidar com a imprevisibilidade da situação. Em Julho desse ano, de forma insana e milagrosa, a Sarah embarcou connosco no avião que nos levaria a 10 dias numa aventura missionária nas Honduras.

Uma série de coisas incríveis aconteceram a Sarah na nossa viagem. Em poucos dias começou a baixar as defesas que tinha criado ao longo do tempo, e começou a falar sobre a dor que carregava consigo. Permitiu-se ser amada pelos adultos e jovens companheiros, atirou-se de cabeça ao serviço e começou a partilhar partes da sua história, uma história que deixou o seu coração desfeito. Observei-a enquanto mostrava amor às adolescentes com necessidades especiais, num orfanato para crianças vítimas de maus tratos e vi algo de novo nela. No final da semana, quando Sarah se levantou em frente à igreja e partilhou a sua história, uma história crua mas que ainda assim transparecia o amor de Jesus, eu chorei. Aqueles 10 dias excederam as minhas expectativas do que pensava ser possível Deus fazer na vida de um adolescente. E depois voltámos para casa.

Em poucos meses a Sarah estava de novo numa jornada imprevisível que a levaria à toxicodependência, problemas legais e uma gravidez indesejada. Ao ver como tudo se desenrolava não pude deixar de me perguntar a mim própria: "Onde é que eu errei? Porque é que não a consegui ajudar? Devia ter feito mais. Para que é que serve o ministério de jovens?" Estas questões acabaram por me atormentar durante toda a primeira década do meu ministério.

Eu tinha 24 anos quando comecei a trabalhar como pastora. Não era apenas nova demais para conduzir a carrinha da igreja (na qual tive um acidente ainda no primeiro ano!), como também estava cheia de ideias erradas acerca do ministério de jovens. Por exemplo, eu acreditava que o trabalho do pastor era salvar o mundo … sozinho. Não importava o trauma do adolescente, o sistema familiar ou a minha falta de experiência. No fim das contas se o adolescente não seguia Jesus, a culpa era minha, logo tinha de fazer tudo ao meu alcance para que isso não acontecesse.

Isto levou-me ao meu segundo equívoco: um número infinito de actividades são a chave para o discipulado. Eu acreditava de todo o meu coração que quantas mais festas da pizza, mais noitadas e mais programas fizéssemos, maior a oportunidade para discipular os nossos adolescentes. Não importava o facto de estarmos a acrescentar mais um milhão de coisas aos seus já complicados horários, ou a tirar tempo à família que é tão difícil de arranjar. Porque quando os recebemos na igreja, o discipulado acontece, verdade?

Pelo menos era nisso que eu acreditava. Nunca parei para perguntar aos pais. O que me leva ao terceiro equívoco. Eu achava que os pais deviam ser evitados a todo o custo. Quando se tratava dos pais, eu achava que eram intimidantes, um obstáculo, coscuvilheiros e às vezes até inimigos. Era impossível que falassem à vida espiritual dos seus filhos adolescentes como eu. Eu era, afinal, uma jovem, formada profissionalmente em ministério de jovens e cheia de ideias.

A Grande Realidade

Todos nos cruzamos com vários adolescentes no nosso ministério. Alguns cresceram na igreja, outros vieram porque foram convidados; uns vieram de famílias aprofundadas na fé e outros de sistemas familiares completamente desfeitos. Enquanto líderes de jovens, nós tentamos tudo o que podemos para fazer a diferença na vida deles, para partilhar o Evangelho de Jesus e para construir relacionamentos duradouros. A realidade é que, no final, há sempre jovens que abandonam a fé. Após examinar investigações feitas pelo Barna Group e o National Study of Youth and Religion, a autora Kara Powell fala sobre este mesmo assunto no seu livro, *Sticky Faith*. Ela conclui que, "40 a 50% dos jovens que terminam o ensino secundário vai ter dificuldades em manter a sua fé durante os estudos universitários e apenas 20% dos alunos universitários que abandonam a sua fé, planearam fazê-lo durante o secundário. Os restantes 80% tencionavam manter a sua fé, mas não o fizeram."[1]

Quer sejamos profissionais formados cheios de ideias ou não, estas estatísticas alarmantes fazem-nos questionar sobre várias coisas, nomeadamente aquilo que vi acontecer à Sarah na nossa viagem às Honduras. "Para que é que serve o que estamos a fazer? Onde é que errámos? Qual é a importância do ministério de jovens no discipulado?"

Qual é o segredo?

Enquanto líderes de jovens, penso que concordamos que este ministério é importante e tem uma razão de ser, mas às vezes o que achamos que está a funcionar, não está a funcionar de todo. A Jackie foi a primeira adolescente que conheci no meu primeiro grupo de jovens. Uma rapariga cheia de vida, que amava os seus líderes, gostava de trazer novos amigos, fazia perguntas interessantes e estava na igreja sempre que as portas abriam. Os seus pais também frequentavam a igreja, mas eram pouco participativos. Pastoreei a Jackie até terminar o ensino secundário, quando se matriculou numa faculdade cristã para um curso de quatro anos. Ela teve óptimas experiências, mas nunca permitiu verdadeiramente que Deus arrebatasse o seu coração e hoje, não frequenta nenhuma igreja.

Se a influência dos pais é assim tão grande nos seus filhos, e nós queremos discipular os adolescentes para que tenham uma fé duradoura, a igreja tem de começar a aliar-se às famílias.

O Matt era adolescente quando, por acidente, descobriu o nosso grupo. Cresceu num lar cristão, frequentou várias igrejas e tinha algum conhecimento da Bíblia. Mas a sua vida familiar era difícil. Os pais eram divorciados e a mãe já tinha passado por vários outros casamentos; uma vida complicada. O Matt era inteligente, tinha o desejo de crescer no seu relacionamento com Jesus e frequentava a nossa igreja com o pai. Terminou a licenciatura numa faculdade cristã, serve na sua igreja local e está a fazer uma pós-graduação em aconselhamento. O Matt tem um profundo amor por Jesus e o desejo de ajudar os outros a descobrir este amor.

A Becca entrou no nosso grupo de jovens durante o seu 11° ano, porque estava a namorar um dos rapazes da igreja. Quando a conheci, percebi rapidamente que gostava de estar no grupo, mas não tinha aquele desejo de conhecer Deus. Alguns meses depois a Becca aceitou Jesus como seu Senhor e Salvador. Durante os dois anos seguintes (mesmo depois de terem terminado o namoro) ela cresceu de tal forma que se tornou uma das líderes do nosso grupo de jovens, começou a trazer o seu pai à igreja e agora frequenta uma faculdade cristã onde está a estudar para ser pastora de jovens.

Quando penso em adolescentes como a Jackie, o Matt e a Becca, acredito de todo o coração que o ministério de jovens fez a diferença de uma ou de outra forma. Mas a realidade é que tenho muito mais histórias de Jackies — adolescentes que estão no grupo dos 40% a 50% de jovens que se afastam da igreja. Apesar de haverem muitos factores determinantes no que Kara Powell chama de "fé adesiva", um dos maiores é a família. "O Estudo Nacional sobre Jovens e Religião determinou que a melhor forma de os jovens levarem a sério a fé religiosa é terem pais que levam a sua fé a sério."[2] Kara Powell diz, ainda, "No que toca à fé, os pais têm o que são."[3] Por outras palavras, a forma como os pais vivem a sua fé tem um impacto enorme na fé dos seus filhos. Esta frase traz grandes complicações para a igreja e o modelo do ministério de jovens. Se a influência dos pais é assim tão grande nos seus filhos, e nós queremos discipular os adolescentes para que tenham uma fé duradoura, a igreja tem de começar a aliar-se às famílias.

Isto não devia ser novidade. Desde o início, Deus é intencional em lembrar-nos da importância da família como base para o discipulado mais básico. Lemos este mandato em Deuteronómio 6:4-9: "Ouve, Israel, o Senhor, nosso Deus, é o único Senhor. Amarás, pois, o Senhor, teu Deus, de todo o teu coração, e de toda a tua alma, e de todo o teu poder. E estas palavras que hoje te ordeno estarão no teu coração; e as intimarás a teus filhos e delas falarás assentado em tua casa, e andando pelo caminho, e deitando-te, e levantando-te. Também as atarás por sinal na tua mão, e te serão por testeiras entre os teus olhos. E as escreverás nos umbrais de tua casa e nas tuas portas."

Deus sabia que as histórias espirituais que seriam passadas dentro das famílias seriam a melhor ferramenta para trazer vida às gerações seguintes. E também sabia que a intencionalidade seria a chave para passar o testemunho de fé à geração seguinte. Deus não faz apenas uma sugestão. Ele ordena as famílias a serem intencionais com tamanha urgência, porque sabe quais são os riscos.

Eu cresci no estado de Nova Iorque, numa pequena cidade chamada Pla-ttsburgh. Plattsburgh era o tipo de lugar perfeito para criar uma família, mas provavelmente não o melhor sítio para passar férias. O meu pai foi o pastor daquela comunidade durante 12 anos. A nossa igreja tinha um bom número de membros e o grupo de jovens, onde eu era extremamente activa e que determinou a minha chamada para o ministério, também. Tínhamos um pastor de jovens incrível, a quem eu amava e respeitava, e que ainda hoje é uma das maiores influências da minha vida. Mas reparámos que as famílias daquela igreja eram diferentes. Não tinha a ver com o relacio-namento com o meu pai ou com o pastor de jovens. Percebemos que eram intencionais no que tocava à formação espiritual nas suas casas.

Eram intencionais porque passavam tempo com outras famílias que par-tilhavam os mesmos valores. Porque ler as Escrituras e orar em conjunto era uma prioridade nas suas casas. Estas famílias não tinham medo de viver contra a cultura e escolhiam tomar posições pelo que acreditavam ser correcto. Os pais contavam aos filhos histórias sobre a fidelidade de Deus e conversavam sobre os desafios que surgiam nas suas vidas. Criaram um espaço nas suas casas para a dúvida e para as perguntas, trouxeram outros adultos cuja fé era contagiante para a vida dos seus filhos e continuaram a ser modelos do que é viver com Jesus em primeiro lugar. Além disso, eram intencionais na parceria com a igreja. Como resultado, muitos dos seus filhos, agora adultos, com as suas famílias, são servos, ministros e andam com Jesus, inteiramente rendidos aos Seus pés.

Quando a Igreja e a Família se Unem

Apesar de sabermos que estatisticamente o discipulado tem melhores resultados quando nos aliamos aos pais, enquanto pastores de jovens, às vezes tentamos evitá-los por termos medo. Pensamos que se nos focarmos no ministério familiar, vamos perder o ministério de jovens e que vai dimi-nuir a nossa eficácia ou mesmo a nossa criatividade. Isto está mais longe da verdade do que podemos imaginar. Aliarmo-nos às famílias para um discipulado holístico não é trocar o ministério de jovens pelo ministério familiar. É trazer as famílias para o centro do processo de discipulado e reconhecer que quando a igreja e a família se juntam, tudo corre melhor. A questão é: como fazê-lo?

Aliarmo-nos às famílias para um discipulado holístico é mais do que ape-nas dar-lhes as ferramentas certas. Envolve vários componentes-chave. Primeiro, requer um *compromisso* em trazer outros adultos seguidores de

Cristo para ajudar a guiar e orientar os nossos adolescentes. Em inglês, há um ditado que diz "É preciso uma vila para educar uma criança." A verdade é que são precisas 900 vilas para educar um adolescente! No seu livro, *Sticky Faith*, Kara Powell fala sobre isto, referindo-se à medida de 5 para 1. Por cada adolescente são precisos 5 adultos a investir na sua vida.[4] Quando era adolescente, tinha entre 5 a 10 adultos a investirem na minha vida. Mas não eram só pastores ou pastores de jovens. Vários adultos, membros da igreja, conversavam comigo, convidavam-me para passeios, ouviam-me, aconselhavam-me e partilhavam a sua vida comigo. Agora que sou pastora de jovens, quero que os adolescentes da minha igreja tenham o mesmo tipo de apoio. O nosso objectivo deve ser ter pelo menos 5 adultos seguidores de Cristo, fora do nosso ministério de jovens, a investir nos nossos adolescentes e a apoiar as famílias no discipulado holístico.

O segundo componente-chave para termos uma parceria proveitosa com as famílias é *equipá-las*. Muitas famílias, apesar de terem o desejo de discipular os seus filhos, não sabem como o fazer. Uma das nossas tarefas enquanto líderes é ajudá-las oferecendo as melhores ferramentas e recursos possíveis. Pode ser partilhando conteúdos *web*, títulos de livros e artigos que nós, líderes, lemos diariamente para nos ajudar a gerir a cultura e a espiritualidade dos adolescentes.

Encorajar os pais pode ser partilhar apenas algumas palavras de afirmação positiva, quando o seu filho participa ou contribui para o ministério de jovens.

Pode ser organizando um seminário sobre parentalidade para ensinar os pais a discipularem os seus filhos. Pode até ser juntando os pais para partilharem opiniões e pensamentos sobre as últimas tendências musicais, novidades ou normas culturais presentes na vida dos adolescentes.

O terceiro componente é *comunicar* com a família. Numa era em que todos estamos demasiado ocupados, em que as famílias vivem numa correria entre eventos e actividades com exigências intermináveis, a comunicação é chave. A maioria dos pais gosta quando os mantemos a par de tudo o que está a acontecer, às vezes até um pouco mais do que o necessário. Seja através de um calendário em Pdf., do site da igreja, de um email semanal, panfletos, SMS ou pelo Facebook, quanto mais comunicarmos as datas, horas, expectativas e tudo o resto, melhor. Ao comunicarmos com os pais estamos a dizer-lhes que sabemos o stress acrescido que trazemos às suas vidas e que queremos fazer tudo ao nosso alcance para caminharmos com eles.

O quarto, é *desafiá-las*. Há uns meses, desafiei o meu grupo de jovens a ler o livro de Salmos. Tínhamos estado a falar sobre a importância das Escrituras e eu partilhei com eles a aplicação da Bíblia que podem usar nos seus *smartphones* para ler um salmo por dia. Fiz questão de incluir este desafio no email para os pais, desafiando-os a juntarem-se aos filhos na leitura de Salmos. Em poucos dias comecei a ver pais entusiasmados por lerem as Escrituras com os seus filhos a caminho da escola e até a publicarem nas redes sociais as passagens que mais lhes tocaram. Mais uma vez, não que os pais não queiram discipular os filhos, mas às vezes precisam de uma ideia para começar e alguém que os ajude a ser intencional. Desafiá-los pode ser dar-lhes uma tarefa semanal para cumprirem em família, dar-lhes uma lista de perguntas para perguntarem aos filhos em resposta aos temas discutidos no grupo de jovens ou pedir-lhes para participarem num plano de leitura de 30 dias. Desafiar as nossas famílias dá-lhes responsabilidade no processo de discipulado, mas também lhes oferece uma forma prática para começar o processo.

O quinto componente-chave para termos uma parceria proveitosa com as famílias é *encorajá-las*. Para os líderes que também são pais, nós sabemos que ser pai às vezes é uma batalha sem vitórias. Há dias em que olhamos para os nossos filhos e pensamos se o nosso esforço vale de alguma coisa. Os pais precisam de encorajamento e nós temos a incrível oportunidade de ser encorajadores. Encorajar os pais pode ser partilhar apenas algumas palavras de afirmação positiva, quando o seu filho participa ou contribui para o ministério de jovens. Pode ser celebrar marcos com as famílias, como aniversários, tirar a carta de condução, ser aceite numa faculdade, ser baptizado ou tomar importantes decisões espirituais. Pode também ser convidá-los para almoçar e elogiar o seu filho, ou dar-lhes um presente como encorajamento a cuidarem de si próprios.

Outra forma de encorajar é estrategicamente colocar as várias famílias no mesmo espaço. A maioria dos pais estão à procura de afirmação positiva, de saber que não estão sozinhos nos desafios que enfrentam. Se conseguirmos criar um espaço onde os pais podem conversar uns com os outros sobre os desafios que enfrentam, todos vão sentir-se encorajados. Pode fazê-lo, por exemplo, convidando duas famílias para jantar, criar um fórum aberto ou apresentar as famílias umas às outras.

Finalmente, o sexto componente é *discipulá-las*. As igrejas tendem a especializar-se em ministérios de jovens e crianças, mas têm dificuldade em focarem-se no desenvolvimento dos pais, apesar de serem os maiores responsáveis em passar o testemunho de fé à geração seguinte. O pastor duma igreja na nossa área investe semanalmente num grupo de homens, porque acredita que se conseguirmos estimular o desenvolvimento espiritual nestes, o impacto será visível em toda a família.

Lidar com Famílias Disfuncionais

Conheci o Brandon no parque de estacionamento da igreja onde andava de skate com os seus amigos, mesmo junto à minha casa. Tinha cabelo comprido, rímel e verniz preto e vestia-se da mesma cor. Eu e o meu marido decidimos apresentar-nos ao grupo e convidá-los para uma actividade de jovens que aconteceria nessa mesma noite. E eles apareceram, por mais incrível que pareça! Naquela noite começámos a ensinar aos nossos jovens e adultos como aceitar as pessoas que estão fora das quatro paredes da igreja. Mas também fomos desafiados a repensar como abordar e acompanhar adolescentes com famílias disfuncionais.

Não demorámos muito a perceber que o Brandon, e os 10 a 15 amigos que trouxe consigo, vinham todos de situações familiares desfeitas. O Brandon em particular, vivia num pequeno T1 com a sua mãe, que fazia o que podia para alimentar a família, mas que não tomava as melhores decisões. Em poucos meses, o Brandon apresentou-nos a mãe, mas para lá disso não tivemos mais contacto com ela. Quando raramente a víamos, ela agradecia-nos por estarmos na vida do filho, e era apenas isto.

O nosso desafio é criar uma cultura saudável, não apenas no grupo de jovens, mas nas próprias famílias. Às vezes, quando olhamos para as famílias dos nossos adolescentes, sentimos que já perdemos a batalha. Quando sabemos que os pais estão no topo da lista de influenciadores e depois os vemos desinteressados pela fé, é bastante desanimador. Para muitos de nós, se cruzássemos os dados dos nossos ministérios, descobriríamos rapidamente que cada vez mais adolescentes vêm de lares não tradicionais. Muitos vivem com os avós, com as tias, tios, ou pais solteiros. No lar, vemos mais toxicodependência, problemas de saúde mental e um caos generalizado. O lar tende a ser um lugar extremamente difícil para o crescimento e desenvolvimento normal do adolescente, e nem estamos a falar da parte espiritual. O que é que podemos fazer?

Há várias coisas que podemos fazer. Podemos começar por entrar na sua história. Às vezes pensamos que só porque convidamos alguém para ir à igreja e há uma resposta positiva a vida da pessoa vai mudar radicalmente.

Para o Brandon e a mãe, a igreja nunca foi uma prioridade, nunca tiveram o hábito de conversar sobre a fé e, portanto, não era importante. Apesar de frequentar as reuniões de jovens, o Brandon não ia aos cultos de Domingo; a mãe não participava de todo — nesta situação decidimos fazer tudo ao nosso alcance para entrar na história deles. Íamos buscar o Brandon a casa para as reuniões de jovens e também o íamos levar; nestes percursos tivemos várias conversas sobre fé, dúvidas e o dia a dia. Conversas profundas e honestas, que acredito terem levado ao aprofundamento da sua fé.

No que toca a adolescentes, as igrejas têm uma oportunidade incrível de se tornarem numa família adoptiva que deixa marcas profundas aos que vêm de situações familiares adversas.

Quando ele partilhava histórias sobre a mãe, a quem ele estimava e amava muito, nós ouvíamos e orávamos com ele. Quando descobrimos onde trabalhava, no nosso café preferido, passávamos por lá só para lhe dizer como gostávamos de estar com o seu filho. Às vezes oferecíamos-lhe cartões presente, quando sabíamos que estavam a ter dificuldades, comprámos *skates* para desenvolvermos um interesse em comum e ficávamos acordados até de madrugada com ele, para que ele soubesse que podia contar connosco.

Não éramos os únicos. O Brandon, sem saber, criou toda uma cultura de boas-vindas que mudou completamente o nosso ministério. Quando partilhámos a história dele com a junta da igreja, os outros líderes e pastores começaram também a investir na sua vida, oravam por ele, apareciam quando podiam, interessavam-se em conhecê-lo melhor. Todos estes adultos acabaram por ser mentores na vida de Brandon, criando uma espécie de segunda família.

No que toca a adolescentes, as igrejas têm uma oportunidade incrível de se tornarem numa família adoptiva que deixa marcas profundas aos que vêm de situações familiares adversas. Podemos fazê-lo se *estivermos presentes nos momentos importantes*. Lembro-me de um dos nossos adolescentes nos pedir que fôssemos dar um passeio com ele na noite de graduação, porque sentia que éramos uma segunda família. Estar presente pode ser tão simplesmente isto: ir a graduações, visitar a pessoa no seu primeiro dia de trabalho, ir a jogos ou a concertos em que os nossos adolescentes se esforçaram tanto para participar. Também é ir a funerais, audiências no tribunal, e ficar acordado até altas horas quando recebem más notícias.

Podemos ser uma família adoptiva para os nossos adolescentes *oferecen-do-lhes oração e responsabilização mútua*. Podemos fazer as perguntas mais difíceis, ouvi-los atentamente, desafiá-los a pensar sobre aquilo em que acreditam e criar espaço para que estas coisas aconteçam. Podemos encontrar pessoas comprometidas na igreja que estejam dispostas a orar pelos adolescentes e pelas suas famílias, pelos seus nomes, pelas suas necessidades e situações específicas.

Quando a igreja se compromete a ser uma família adoptiva para os nossos adolescentes, é também um compromisso intencional. Começa com ser intencional na *aceitação*. O nosso trabalho enquanto igreja não é mudar os adolescentes nem as suas famílias. O nosso trabalho é convidá-los a participarem numa comunidade onde podem experimentar o amor de Deus que trará a mudança. Quando aceitamos os adolescentes e as famílias como são, apesar do caos e da confusão, criamos uma cultura de boas-vindas e uma cultura transformativa. Amamo-nos uns aos outros nas dificuldades do ensino básico e do ensino secundário e para o resto da vida. Quando nos comprometemos a amar os nossos adolescentes para lá do ensino secundário, a andar com eles no início da faculdade e nos novos desafios envolvidos, estamos a mostrar-lhes que somos verdadeiramente uma família; isto tem o potencial de mudar tudo.

Houve vários momentos em que quis desistir do Brandon, mas nós, enquanto igreja, comprometemo-nos a amá-lo independentemente das suas decisões. Disse-lhe várias vezes que um dia decidiria aceitar Jesus. Quando terminou o secundário e se mudou para outro estado para frequentar a universidade, ainda não tinha tomado essa decisão.

Vários anos depois, recebi um telefonema. Do outro lado estava uma voz familiar. "Pastora Andrea? Só lhe queria dizer que fiz o que disse. Entreguei a minha vida a Jesus." Acho que deixei cair o telefone e desatei a chorar. O investimento, apesar da confusão, valeu a pena. Alguns meses depois ele veio a casa e nós baptizámo-lo com toda a igreja presente. Junto ao baptistério estava a sua mãe. Aquele dia serviu para nos lembrarmos que o esforço e o trabalho árduo do ministério de jovens e do discipulado vale a pena.

Nunca sabemos que influência teremos num adolescente ou na sua família, mas o nosso trabalho enquanto igreja é fazer tudo o que está ao nosso alcance para caminhar com ambos. Não somos responsáveis pelos resultados, mas somos responsáveis por permanecer comprometidos com a missão de alcançar pessoas para Jesus. Sarah, a rapariga da minha equipa de vólei, nunca chegou a conhecer Cristo, mas a nossa relação com ela levou-a a fortalecer o seu relacionamento com a irmã mais velha, que entregou a sua vida a Cristo juntamente com o seu noivo. Estão agora casados e servem na igreja. Ainda oramos para que as sementes que foram plantadas, os relacionamentos que foram forjados, todas as vezes em que estivemos presentes ... de alguma forma a levem a tomar uma decisão por Jesus, um dia, tal como Brandon.

Comece, em Pequeno e de Alguma Forma

Quer trabalhe com famílias funcionais que amam a Jesus ou com famílias completamente desfeitas, o seu trabalho é o mesmo. Ajudar os adolescentes a apaixonarem-se por Jesus de tal forma que tudo mude. A melhor maneira de o fazer é trabalhando com as famílias, quer seja a família biológica ou a família adoptiva. Vai ter a tendência de pensar que precisa de um grande plano para começar, mas o meu conselho e encorajamento é que comece. Nunca sabe quem vai ser alcançado.

Bónus: 16 Ideias Criativas Para Começar

Ainda não sabe por onde começar? Deixo-lhe algumas ideias.

1. **Email semanal para os pais:** No início de cada semana, envie um email com os próximos eventos e detalhes, pagamentos em falta, artigos interessantes sobre parentalidade e os temas que está a abordar nas reuniões. Sinta-se à vontade para incluir um ou dois parágrafos sobre como Deus tem trabalhado no seu grupo de jovens e diga aos pais que está a orar por eles.

2. **Newsletter para os pais:** Envie um boletim mensal que inclua artigos sobre parentalidade, as tendências mais actuais dos jovens, destaques sobre o ministério de jovens, etc. Se precisar de uma *newsletter* já feita e que não seja muito cara, pode visitar www.cpyu.org.

3. **Um fim de semana de formação para a família:** Convide um profissional em ministério de jovens para dar uma ou outra palestra sobre parentalidade. Se as questões financeiras são um problema, junte-se a outra igreja local para dividirem os custos, ou convide um pastor local com bastante experiência para partilhar. Também pode incluir psicólogos,

conselheiros e até outros adultos cujos os filhos já cresceram, para partilharem as suas experiências.

4. **Estações de oração para a família:** Organize uma noite de oração em que as famílias podem participar juntas e envolverem-se em oração de forma criativa (há várias ideias disponíveis *online*). Forneça instruções claras sobre como funciona cada estação. No final, distribua-as em papel para que as famílias possam levá-las para casa e pô-las em prática no dia a dia.

5. **Oração no regresso à escola:** Disponha-se a orar por cada família no início do ano lectivo. Pode fazê-lo convidando cada uma a inscrever-se em blocos de 15 minutos. Pergunte-lhes sobre os desafios que se avizinham e sobre os quais pode orar especificamente.

6. **Reunião de pais:** Faça uma reunião mensal onde partilha um breve tópico que tenha a ver com os jovens ou com a parentalidade e providencie questões para serem discutidas e conversadas em grupo.

7. **Jantares:** Antes do programa semanal, disponibilize um jantar para as famílias. Peça às famílias mais maduras para ajudarem a cozinhar pratos simples (esparguete à bolonhesa, tacos, cachorros quentes, pizza, etc.) e cobre uma quantia simbólica por pessoa. Se conseguir doações, faça os jantares de graça!

8. **Ensino paralelo:** Trabalhe com o seu pastor para que ambas as pregações estejam dentro do mesmo tema. Isto ajuda a criar alguma continuidade e fomenta as conversas em família.

9. **Currículo Sticky Faith:** Vá ao site www.stickyfaith.org e descubra óptimas ideias para ensinar pais e filhos (conteúdo apenas em inglês). Organize uma classe de escola dominical para pais para estudarem este currículo.

10. **Resumo das actividades mais importantes:** Quando voltar de um acampamento, de um retiro, de uma viagem missionária, etc, peça aos pais para virem buscar os filhos à mesma hora. Faça um resumo da actividade, destaque os acontecimentos mais importantes e faça alguns desafios. Dê aos pais uma folha com perguntas que podem fazer aos filhos em casa.

11. **Os pais são contadores de histórias:** Convide os pais dos seus adolescentes a irem à reunião de jovens para contar a história de como entregaram a sua vida a Jesus. Também pode organizar um painel com os pais, uma sessão de perguntas e respostas sobre a sua fé.

12. **Convide as famílias a ir a sua casa:** A melhor forma de ficar a conhecer as famílias é partilhando uma refeição! Convide duas famílias para um almoço ou jantar em sua casa. Isto dá-lhe a hipótese de ficar a conhecer ambas as famílias, mas também lhes dá a oportunidade de aprofundarem os laços entre si.

13. **Dias missionários em família:** Encontre formas de servir em conjunto. Seja uma viagem missionária inter-geracional ou uma tarde a servir no ministério de compaixão, servir juntos cria oportunidades incríveis de discipulado.

14. **Postais/cartões de encorajamento:** Vá aos correios! Uma nota de encorajamento escrita à mão faz as famílias sentirem-se encorajadas, importantes e acompanhadas.

15. **Plano de oração em parceria/mentoria:** Crie perfis para cada adolescente e peça à congregação para adoptar um parceiro de oração. Dê início a este ministério com um pequeno-almoço em que os adolescentes e os adultos se encontram cara a cara e se comprometem a orar um pelo outro durante um ano.

16. **Parceiros na parentalidade:** Junte mães e pais com outros adultos que já tenham passado a fase da adolescência com os seus filhos e tenham sido bem sucedidos. Estes podem ser parceiros de oração, mentores de discipulado e encorajadores durante a jornada.

CAPÍTULO 6

Discipulado Relacional:
Ver a Nossa Vida Como Currículo

Bakhoh Jatmiko

Bakhoh Jatmiko é coordenador de campo dos jovens em Sealands e pastor em Yogyakarta, na Indonésia. Gosta do ministério de jovens porque há uma nova geração apaixonada pelo Senhor. O discipulado é importante para Bakhoh porque ser semelhante a Cristo não é algo que aconteça de repente, num momento instantâneo ou como resultado de uma única experiência. O discipulado ajuda o crente a andar na jornada espiritual de se tornar cada vez mais à semelhança de Cristo.

A nossa necessidade de nos relacionarmos é clara desde o início da nossa história. Em Génesis, Deus declara: "Não é bom que o homem esteja só" (Génesis 2:18). Deus sabia que fomos criados com esta necessidade de nos relacionarmos uns com os outros e com Ele. Em toda a Bíblia vemos o que significam os relacionamentos. Embora os relacionamentos sejam difíceis e desafiantes, as histórias de confiança, apoio, amizade e amor também são histórias de sobrevivência, perseverança, alegria e esperança. Precisamos uns dos outros para vivermos a vida. Eu acredito que quando Deus diz que não é bom que os seres humanos estejam sozinhos, Ele não falava sobre a quantidade de seguidores nas redes sociais. Eu acredito que Deus quer que tenhamos relacionamentos genuínos, onde a vida é partilhada.

Neste capítulo, vamos explorar como o nosso quotidiano pode ser, se formos intencionais, a maior ferramenta de discipulado para os nossos jovens. Usando esta necessidade intrínseca de nos relacionarmos, podemos criar oportunidades para que o discipulado aconteça.

Jesus usou a Sua vida como um currículo vivo e a Sua base eram os relacionamentos que tinha com os Seus discípulos.

Quando olhamos para o ministério de Jesus, vemos um padrão claro sobre como Ele usou os relacionamentos como base fundamental do Seu ministério. Jesus chamou cada um dos Seus discípulos com uma chamada pessoal: "vem e segue-me". E durante os três anos seguintes Jesus andou, falou, ministrou, riu, chorou e caminhou com estes 12 homens. Não ficou com os seus cartões de visita para lhes ligar mais tarde. Estes relacionamentos eram contínuos e reais. Os discípulos foram chamados, não apenas para ouvir os ensinamentos de Jesus ou cumprir as Suas ordens, mas para seguir Jesus de perto e desenvolver laços reais com Ele.

No contexto do ministério, temos de estar sempre atentos aos relacionamentos superficiais ou aos *pseudo-relacionamentos*. Os pseudo-relacionamentos formam-se quando nos focamos mais nas actividades e nos programas do que em desenvolver relacionamentos. As actividades e os programas servem para atrair pessoas, mas não garantem mais nada. Desenvolver relacionamentos significativos é importante porque o discipulado exige intencionalidade e relacionamento. Os relacionamentos são formas de apresentarmos outros a Jesus através das nossas vidas. Ao vivermos a nossa fé em fidelidade perante os outros, encarnamos os ensinamentos e as palavras de Jesus. As nossas vidas devem estar constantemente a apontar para Jesus, porque o objectivo não é ter seguidores, mas fazer discípulos de Jesus.

A Vida Enquanto Currículo

Um currículo é um conjunto de lições ou aulas, usadas para ajudar o estudante a alcançar a mestria em determinado assunto. Na igreja, os materiais de estudo da escola dominical ou dos grupos de estudo são o nosso currículo. Estes recursos ajudam-nos a focar no tema que queremos ensinar aos nossos jovens.

Quando leio e estudo a Bíblia, fico fascinado com o método de discipulado de Jesus. Naquela altura não haviam lições ou materiais de estudo. Jesus ensinava, mas os Seus ensinamentos eram geralmente respostas a algo que acontecia e não uma palestra estruturada. Ao ler a Bíblia o que vejo é Jesus, a permitir que os Seus discípulos o observem quando lida com os marginalizados e os fracos. Resumindo, Jesus queria que eles experimentassem verdadeiramente o Seu estilo de vida. Jesus deu-lhes oportunidades para encontrarem os altos e baixos da vida consigo, para que aprendessem. Jesus usou a Sua vida como um currículo vivo e a Sua base eram os relacionamentos que tinha com os Seus discípulos. "Sem um relacionamento, não há discipulado, apenas uma transmissão de informação."[1] Jesus transmitiu informação aos discípulos, ensinando-os, e transformou as suas vidas através da comunhão consigo.

> **Se aceitarmos o convite para abrir as nossas vidas perante os jovens, como forma de discipulado, temos de as viver genuinamente e sempre conscientes do exemplo que estamos a dar.**

Através do exemplo de Jesus, sabemos que o discipulado não é apenas a memorização das verdades ensinadas e a sua repetição. O discipulado vai muito além disso. Claro que acredito que os programas, currículos e outros materiais de ensino são importantes no processo de discipulado, no entanto, pôr em prática o que é ensinado é a chave. A palavra grega para aluno ou aprendiz, *mathētes*, que é a raiz da palavra actual matemática, significa "o pensamento acompanhado pelo esforço."[2] A aprendizagem deve envolver a prática. Os discípulos pensam e aprendem, mas se estão realmente a aprender as lições do seu mestre, devem ir além do ouvir e fazer. Tal começa por escolher agir da mesma forma que o seu mestre.

Olho para a minha própria vida e percebo que observar a vivência dos outros foi uma oportunidade de discipulado para mim, que me ajudou a crescer e a viver a minha fé. Eu achava que entendia o amor razoavelmente bem, mas aprendi ainda mais quando vi a minha amiga Mary visitar uma pobre viúva, que vivia sozinha e estava doente; vê-la trazer-lhe refeições, lavá-la e mudar-lhe a roupa, mudou o meu entendimento sobre o amor. Pensava que sabia o que era o sacrifício, mas não se comparava ao que aprendi quando descobri que o Edward, um estudante universitário, deu o que lhe restava do dinheiro para o mês a um membro da igreja que precisava de dinheiro para comprar um livro para o filho.

Se aceitarmos o convite para abrir as nossas vidas perante os jovens, como forma de discipulado, temos de as viver genuinamente e sempre conscientes do exemplo que estamos a dar. A realidade é que somos exemplos quer pensemos no assunto ou não. Portanto, se Cristo está em nós, o Seu amor e a Sua vida devem estar reflectidos na nossa vida. Vivamos de tal forma que possamos declarar com Paulo: "Sede meus imitadores, como também eu, de Cristo" (1 Coríntios 11:1).

Então como é que pomos isto em prática? Andamos de um lado para o outro com os jovens atrás de nós o dia todo? Quero sugerir três formas de usarmos as nossas vidas como um currículo vivo.

Fazer Actividades Juntos

Como já discutimos, Jesus não tinha um horário pré-estabelecido para as Suas palestras. Em vez disso, e com coragem, Jesus ensinava sem qualquer tipo de preparação aparente. Jesus envolvia os Seus discípulos na partilha de vivências e os Seus ensinamentos surgiam à volta de alguma situação ou actividade que os tivessem desencadeado.

Quando Jesus quis ensinar sobre a Sua autoridade sobre a criação, levou-os para um lago para que experimentassem a tempestade. Quando quis ensinar que devemos confiar em Deus como nosso provedor, levou-os para junto dos necessitados para que O ajudassem a suprir as suas necessidades. Quando quis ensinar aos Seus discípulos o que é seguir o Deus da vida, levou-os ao túmulo de Lázaro, onde, ao fim de quatro dias, o trouxe de volta à vida.

Ao andarem com Jesus, os discípulos viram a Sua reacção quando foi tocado pela mulher impura. Aprenderam o que é mostrar amor perfeito quando Jesus tocou o leproso que veio até Ele. Jesus deixou os discípulos ouvirem os fariseus e os saduceus, quando estes O criticaram e tentaram emboscar, para que aprendessem como é que se responde com divina sabedoria.

A grande maioria dos ensinamentos de Jesus não foram palestras, mas um derramar do Seu coração nos acontecimentos do dia a dia. O Seu ensino fluiu do Seu relacionamento com os Seus companheiros e com as multidões. Ele usou todas as oportunidades para transformar as suas mentalidades e as suas vidas. Quando Jesus os chamou a segui-Lo, fez da Sua vida o seu currículo.

O meu amigo Ishak, é uma das muitas pessoas que me ajudou a tornar-me mais como Cristo. O Ishak e eu temos um interesse em comum: escalar montanhas. Já tivemos inúmeras aventuras juntos em que ele me ensinou lições preciosas.

Um dia, durante uma escalada, aproximámo-nos de uma subida escorregadia com 50% de inclinação. O troço anterior deixou-me exausto. Estava tentado a desistir e a voltar para casa. Comecei a resmungar e a perguntar porque é que tinha decidido fazer o percurso. Fiquei surpreendido quando ouvi a resposta do Ishak. Ele disse: "A nossa vida é assim. Às vezes Deus faz-nos caminhar por subidas escorregadias e rochosas, mas temos de acreditar que Ele também promete levar-nos ao vale verdejante. O que temos de fazer é dar graças em cada situação." O quê? Ali estava eu, mal podia respirar e o Ishak lembrou-se de uma aplicação espiritual! E estava correcto ... Mas também estava em melhor forma do que eu!

O que ele disse foi certeiro. Eu fui tocado pelo Espírito Santo e constrangido pela minha irritabilidade. Aquela pequena explicação mudou a minha visão da vida. Embora já tenha acontecido há quase 15 anos, ainda vejo a situação como se fosse hoje. Marcou profundamente o meu coração. Para mim, pessoalmente, aquela foi a pregação mais poderosa que alguma vez ouvi.

Ao começarmos a discipular desta forma, devemos estar atentos a estes momentos. Temos de estar em oração e pedir ao Espírito Santo que nos guie e ajude a perceber as lições que os nossos jovens precisam de aprender em cada momento. Também será essencial passarmos tempo com os jovens fora da igreja. Organize actividades desportivas e fique atento às oportunidades para partilhar sobre justiça, trabalho em equipa, objectivos ou inclusão. Faça caminhadas na sua cidade e identifique formas de ajudar os que precisam. Desafie os seus jovens a considerar a dignidade destes indivíduos e como devemos ajudar sempre em respeito. Convide-os para ajudar a planear um evento. Poderão falar sobre gestão financeira e ética ao servir os outros. Podemos ir acampar, fazer caminhadas, nadar ou pescar. Podemos cozinhar, ver um filme ou criar um clube de livros. Há tantas possibilidades. A lição chave é que ter actividades juntos é uma boa forma de criar espaço para o discipulado.

Ser Modelo na Alegria e na Tristeza

Durante o processo de discipulado dos jovens, é importante que sejamos modelo de um seguidor autêntico e fiel de Jesus. Os nossos jovens estão a observar como respondemos às situações da vida — as boas e as más. As crises e como lhes respondemos, são oportunidades cruciais de ensinar o estilo de vida dos discípulos de Jesus. Tentamos resolver as situações pela nossa própria força? Procuramos a orientação de Deus para tomar decisões sábias e firmes? Justificamos aldrabices para facilitar as nossas vidas? Como reagimos às crises diz mais sobre em quem, ou no que, confiamos, do que as palavras que dizemos.

Momentos de crise servem como reflexões genuínas sobre o que guia as nossas vidas. Usar a nossa vida como currículo, significa que temos de estar dispostos a que os nossos jovens nos vejam e aprendam connosco na alegria e na tristeza. É natural que sintamos alguma resistência em momentos difíceis e há limites saudáveis a respeitar. Mas se os nossos jovens sabem que estamos a passar por um mau momento, não devemos agir como se nada acontecesse quando estamos com eles. Eles têm de nos ver a lutar e a confiar em Deus nesses momentos. No livro *Real-Life Discipleship Training Manual: Equipping Disciples Who Make Disciples* diz:

> "Sem um relacionamento entre crentes, não há modelo a seguir, não há autenticidade, não há responsabilização, não há aplicação e não há apoio na jornada. Alcançamos estas coisas pelo contacto pessoal. E

porque este contexto relacional está em falta as vidas transformadas são muito mais raras do que deveriam ser hoje em dia."[3]

Às vezes a vida é como um jardim sereno, mas nem sempre. Na vida real choramos e rimos, celebramos e lamentamos. A nossa resposta a estes extremos revela a nossa lealdade, fé e integridade. Uma vida bem vivida é modelo para outros e cria um ambiente onde outros podem também crescer. É nesse ambiente que nos tornamos "fazedores" de discípulos eficazes, mesmo nas tristezas.

Estava casado com a minha esposa, a Ester, há apenas três doces anos quando nos deparámos com notícias trágicas. Meses antes, a minha mulher queixava-se de uma dor severa no abdómen. Decidimos procurar ajuda médica para perceber porquê. Depois de ser examinada, encontraram um quisto no ovário direito. Ficámos em choque, particularmente a Ester, porque 4 anos antes tinha sido submetida a uma cirurgia para remover um quisto no ovário esquerdo. Foi um tempo extremamente difícil, provavelmente o mais difícil que atravessámos no nosso casamento até hoje. A doutora avisou-nos que a Ester provavelmente teria de ser operada outra vez e que havia alguma probabilidade de não podermos ter filhos.

Alguns jovens da nossa igreja sabiam o que se passava. Estavam a observar atentamente para verem como responderíamos a esta crise. Sabiam que o meu "eu verdadeiro" viria ao de cima. Será que ia mostrar a minha frustração e desilusão sendo rude e queixando-me, culpando-me a mim, a outros ou até Deus? Perguntaria onde estava a protecção prometida por Deus? Questionaria Deus por permitir que passássemos por isto? Ou escolheria as reacções opostas e continuaria a acreditar e confiar no plano de Deus?

Agradeço a Deus por me ter ajudado a viver bem a minha fé, mesmo numa situação tão difícil. Continuei a orar e tentando demonstrar a fé que pregava nos meus sermões ou reuniões de discipulado. Aquele foi o momento perfeito para os meus jovens aprenderem através da minha vida, enquanto currículo vivo. Várias semanas depois voltámos à médica para saber se havia progressão. Quando a doutora começou a examinar a minha mulher, disse que não havia nada; não encontrava o quisto! Glória a Deus! Ele respondeu às nossas orações e, enquanto escrevo este capítulo, estamos a celebrar o primeiro aniversário da minha linda filha.

Ao observarem-me e ao aprenderem com o meu currículo de vida, os jovens perceberam que este Jesus que viveu há 2000 anos ainda vive e trabalha activamente no nosso mundo. Aprenderam sobre a autoridade de Jesus, não só pelo que eu disse, mas pelo que viram demonstrado na nossa família. Aprenderam o que é a vida quando a fé tem um impacto verdadeiro no nosso dia a dia. Mas o mais importante é que cresceram em fé e no seu compromisso em seguir Jesus e serem Seus discípulos.

Partilhar o Nosso Espaço Pessoal

Nem sempre é fácil deixar que outros entrem no nosso espaço pessoal. Normalmente protegemo-nos e não deixamos que muitos cheguem às áreas mais pessoais das nossas vidas. Costumamos ter requisitos para deixarmos as pessoas entrar. Ou são família ou temos algum tipo de ligação especial que inspira a confiança. Contudo, para que a nossa vida seja um currículo vivo, temos de deixar que os outros vejam e entrem nessas áreas que gostaríamos que ficassem protegidas. Repito, isto não é uma chamada a derrubar todos os limites. Os limites são úteis e saudáveis e seguros. É, no entanto, uma chamada para examinar quantas vezes mantemos relacionamentos a um nível superficial, sacrificando a influência que poderíamos ter nas suas vidas. Não podemos influenciar as pessoas que discipulamos se as mantemos à distância. Partilhar a vida, significa convidá-los a aproximarem-se, ter conversas mais profundas, fazer perguntas mais difíceis e formar relacionamentos de confiança. O discipulado requer conversa com significado — não apenas conversa de circunstância, atenção sincera — não apenas eufemismos, instrução intensa — não apenas telefonemas de vez em quando.

Não podemos influenciar as pessoas que discipulamos se as mantemos à distância.

O próprio Jesus permitiu que os Seus discípulos entrassem no Seu espaço pessoal. Acredito que não foi fácil para Jesus aceitar os seus vários contextos. Mas foi um problema de ambas as partes! Ao aprofundarem cada vez mais o relacionamento com Jesus, também Jesus entrava mais no seu espaço pessoal. Tornarem-se discípulos de Jesus também implicou partilhar a vida com os outros discípulos. Não imagino que tenha sido fácil. Os doze discípulos, como um grupo, não eram naturalmente amigos. É difícil pensar em posições e perspectivas mais opostas do que as de um cobrador de impostos e um zelote. E, no entanto, o facto de estarem unidos pressupõe algum propósito em comum que exigisse andarem juntos, comerem juntos, viverem juntos e conhecerem-se bem.

Apesar de não ser fácil deixar os outros entrar no nosso espaço pessoal, no processo de discipulado não é uma opção, mas um requisito, para ajudar os outros a crescer. A Madre Mary Francis escreve:

"Se não nos consideramos amigas, não finjamos que somos irmãs. Não podemos ser irmãs verdadeiras se não formos verdadeiramente amigas. E assim é com todos os relacionamentos humanos."[4]

Devemos formar amizades com os nossos irmãos e irmãs em Cristo a quem estamos a discipular. E isto implica que deixemos as nossas zonas de conforto serem incomodadas por outros. Os outros virão de contextos diferentes. Os nossos jovens terão de certeza diferentes visões do mundo, mas estamos todos na jornada de sermos moldados à semelhança de Cristo e temos de andar uns com os outros nos altos e nos baixos. Precisamos de construir relacionamentos amorosos dentro do corpo de Cristo e expressar o amor voluntariamente negando o nosso interesse pessoal para o bem dos nossos companheiros. Este é o mesmo amor que Paulo descreve em Filipenses 2:1-11, quando exorta os discípulos a imitar a atitude sacrificial de Cristo nos seus relacionamentos uns com os outros.

Uma maneira de convidar as pessoas a entrar no seu espaço pessoal, é convidá-las a ir a sua casa. Podemos convidá-las para um chá ou café no pátio, para cozinhar juntos, almoçar ou jantar, convidá-las a sentarem-se no nosso sofá ou a relaxarem na nossa cadeira de baloiço. Tudo isto pode ser antes de um tempo mais formal de discipulado onde se ora, estuda a Bíblia e progride no plano de estudos. Mas ao trazê-los a nossa casa permitimos que vejam o nosso espaço, como vivemos. Verão o que está nas nossas prateleiras e que tipos de livros lemos. Verão a nossa colecção de DVDs e que tipos de filmes vemos. Ouvirão a nossa *playlist* e que tipo de música ouvimos. Verão como lidamos com a nossa família e como demonstramos amor. Por outras palavras, convidando-as a ver o lugar onde passamos a maior parte do nosso tempo, permitimos que vejam o nosso mundo, os nossos hábitos e atitudes e qualidade de vida.

Com base na minha experiência pessoal, isto é uma forma eficaz e uma parte importante na construção do relacionamento com as pessoas que discipula. Estas sentir-se-ão aceites e importantes. Serem aceites como amigos é a razão mais básica que traz estranhos às igrejas e às comunidades cristãs.[5] Quando sentem amizade genuína, sentem que fazem parte e é aí que a confiança se constrói. E quando a confiança se constrói, as pessoas abrem o seu coração para que possamos partilhar os valores e ensinamentos de Jesus.

A Importância de Espaços Seguros e Confortáveis

Não devia ser preciso dizer, mas no esforço de construir relacionamentos como base para o discipulado, é importante notar que tudo deve ser feito em lugares seguros e de maneira a que os nossos jovens se sintam confortáveis. Devemos ter cuidado para não sobrecarregar ainda mais os jovens ou forçá-los a fazer algo que não querem. O objectivo é o discipulado. Jesus disse: "Vinde a mim, todos os que estais cansados e oprimidos, e eu vos aliviarei. Tomai sobre vós o meu jugo, e aprendei de mim, que sou manso e humilde de coração, e encontrareis descanso para a vossa alma. Porque o meu jugo é suave, e o meu fardo é leve" (Mateus 11:28-30). Os nossos jovens carregam demasiados fardos e demasiados medos. Temos de estar sensíveis às suas necessidades e aceitá-los como estão. Os nossos jovens ainda estão a aprender o que quer dizer seguir a Jesus e não o fazem de forma perfeita em todos os momentos. Uma parte importante da qual devemos ser modelo, enquanto currículo vivo, é o amor incondicional e perfeito de Deus. Se o fizermos bem, vamos estar a assentar uma base sólida para desenvolver um discipulado relacional com os nossos jovens.

> Os nossos jovens ainda estão a aprender o que quer dizer seguir a Jesus e não o fazem de forma perfeita em todos os momentos. Uma parte importante da qual devemos ser modelo, enquanto currículo vivo, é o amor incondicional e perfeito de Deus.

Além disso, ao criarmos um espaço seguro e confortável para os nossos jovens, estamos também a criar um espaço em que se sentem vistos e ouvidos. Na era das redes sociais os nossos jovens estão sempre ligados uns aos outros, mas ao mesmo tempo ouvimos demasiados relatos sobre isolação e solidão nos jovens. Eles precisam de espaços seguros onde possam ser eles próprios, onde possam partilhar as suas ideias e os seus medos e onde são amados e aceites por quem são. Jesus amava as pessoas desta forma e esta lição deve ser uma parte central do nosso currículo vivo.

Isto não quer dizer que Deus nunca nos pedirá para partilhar uma palavra desafiante com os nossos jovens. Jesus teve palavras duras para os Seus discípulos em alguns momentos. Mas se construímos um relacionamento sólido baseado na confiança e no amor incondicional, é mais provável que os jovens tenham capacidade de nos ouvir nesses momentos mais duros.

Os relacionamentos são complicados. Ter um discipulado baseado num programa de estudos todas as quartas-feiras é muito mais fácil e seguro. No entanto, o discipulado não se enraíza verdadeiramente até que a palavra de Deus se mova da nossa cabeça para o nosso coração e termine com a acção dos nossos pés e das nossas mãos. Discipulado não são as quatro paredes de uma sala de aula. Discipulado é a partilha das nossas vidas e experiências com outros, ao andarmos juntos nas nossas jornadas com Jesus.

OBRAS CITADAS/NOTAS

Introdução

1. Sweet, Leonard. *Nudge: Awakening Each Other to the God Who's Already There*. David C. Cook, 2010.

2. Yaconelli, Mark. *Contemplative Youth Ministry: Practicing the Presence of Jesus*. Zondervan/ Youth Specialties, 2006.

3. Gunter, W. Stephen, Scott J. Jones, Ted A. Campbell, Rebekah L. Miles, Randy L. Maddox. *Wesley and the Quadrilateral: Renewing the Conversation*. Abingdon Press, 1997.

Capítulo 1

1. Leys, Lucas. *El Ministerio Juvenil Efectivo*. Editorial Vida, 2003.

2. Ibid.

3. Ortíz, Félix, Annette Gulick, Gerardo Muniello. *Raíces: Pastoral juvenil en profundidad*. Editorial Vida, 2008.

4. Leys, Lucas. *El Ministerio Juvenil Efectivo*. Editorial Vida, 2003.

5. Maxwell, John C. *The 21 Irrefutable Laws of Leadership [As 21 Leis Irrefutáveis da Liderança]*. Thomas Nelson, Inc., 1998.

6. Ibid.

Capítulo 3

1. Nouwen, Henri J. M., Michael J. Christensen, Rebecca J. Laird. *Spiritual Formation: Following the Movements of the Spirit [Formação Espiritual]*. Sal Terrae, 2011.

2. Foster, Richard J. *Celebration of Discipline*. Editorial Betania, 1986.

3. Wesley, Juan. *Sermones de Juan Wesley: Tomo I*. Nazarene Publishing House, 1990.

4. Tracy, Wesley D., E. Dee Freeborn, Janine Tartaglia, Morris A. Weigelt. *Formación Espiritual*. Casa Nazarena de Publicaciones, 1999.

5. Foster, Richard J. *Celebration of Discipline*. Editorial Betania, 1986.

Capítulo 5

1.   Powell, Kara E., Chap Clark. *Sticky Faith: Everyday Ideas to Build Lasting Faith in Your Kids.* Zondervan, 2011.

2.   Dean, Kenda Creasy. *Almost Christian: What the Faith of Our Teenagers Is Telling the American Church.* Oxford University Press, 2010.

3.   Powell, Kara E., Chap Clark. *Sticky Faith: Everyday Ideas to Build Lasting Faith in Your Kids.* Zondervan, 2011.

4.   Ibid.

Capítulo 6

1.   Harrington, Bobby. "Relationships." *Discipleship.org,* discipleship.org/relationships.

2.   Newton, Gary C. *Growing Toward Spiritual Maturity.* Evangelical Training Association, 1999.

3.   Putman, Jim, Avery T. Willis Jr., Brandon Guindon, Bill Krause. *Real-Life Discipleship Training Manual: Equipping Disciples Who Make Disciples.* NavPress, 2010.

4.   Francis, Mother Mary. *But I Have Called You Friends: Reflections on the Art of Christian Friendship.* Ignatius Press, 2006.

5.   Kreider, Alan, Eleanor Kreider. *Worship & Mission after Christendom.* Herald Press, 2011.